Wolfgang Jüngst

•

Ihr Recht als Mieter

Wolfgang Jüngst

Ihr Recht als Mieter

Vom Mietvertrag bis zur Kündigung –
Was Sie dürfen, was Sie müssen

Bibliografische Information Der Deutschen Bibliothek

Die Deutsche Bibliothek verzeichnet diese Publikation in der Deutschen Nationalbibliografie; detaillierte bibliografische Daten sind im Internet über http://dnb.ddb.de abrufbar.

Das Werk ist urheberrechtlich geschützt. Alle Rechte, insbesondere die Rechte der Verbreitung, der Vervielfältigung, der Übersetzung, des Nachdrucks und die Wiedergabe auf fotomechanischem oder ähnlichem Wege, durch Fotokopie, Mikrofilm oder andere elektronische Verfahren sowie der Speicherung in Datenverarbeitungsanlagen, bleiben, auch bei nur auszugsweiser Verwertung, dem Verlag vorbehalten.

ISBN 978-3-7093-0246-0

Es wird darauf verwiesen, dass alle Angaben in diesem Buch trotz sorgfältiger Bearbeitung ohne Gewähr erfolgen und eine Haftung des Autors oder des Verlages ausgeschlossen ist.

Umschlag: *stern* und buero8
© LINDE VERLAG WIEN Ges.m.b.H., Wien 2009
1210 Wien, Scheydgasse 24, Tel.: 0043/1/24 630
Druck: Hans Jentzsch & Co. GmbH., 1210 Wien, Scheydgasse 31
www.lindeverlag.de
www.lindeverlag.at

Inhalt

Vorwort		11
Einleitung		13
Kapitel 1:	Der Mietvertrag – Welche Klauseln sind wichtig?	15
	Auskunftspflicht – nicht alles preisgeben	15
	Befristet oder unbefristet – am besten schriftlich...	16
	Welche schriftlichen Mietverträge werden unterschieden?	19
	Der Vertragsabschluss – eine Checkliste	23
Kapitel 2:	Nebenkosten – Was darf bei der zweiten Miete abgerechnet werden?	29
	Betriebskosten – alles, was zählt	31
	Betriebskosten – alles, was nicht zählt	32
	Voraus oder pauschal – der feine kleine Unterschied	33
	Person oder Quadratmeter – immer richtig abrechnen	35
	Abrechnen, prüfen, einwenden – immer fristgerecht	38
	Heizkosten – immer nur bedingt verbrauchsabhängig	41
Kapitel 3:	Mieterhöhung – Was ist zulässig?	46
	Vergleichsmiete – ortsüblich im Mietspiegel	47
	Kappungsgrenze – einhalten, nicht überschreiten	51

Jahressperrfrist – Mieterschutz auf Zeit 53
Wohnfläche – Wie zählt der Quadratmeter? 54

**Kapitel 4: Mietminderung –
Was ist erlaubt?** 58

Mängel – Wer haftet? 58
Beweispflicht – vielleicht lästig, aber lohnend 60
Minderung – geht schon ab Mängelanzeige 61
Schadensersatz – zusätzlich lohnend 65
Kündigung – Nur der Mieter darf es 66
Hamburger Tabelle – gesichert Miete mindern 68

**Kapitel 5: Die Wohnung nutzen –
Was ein Mieter beachten muss** 76

Lärm – Haus(un)frieden in Dezibel 79
Radio und Hausmusik – No Rock around
the Clock 82
Kinder – Toleranz hat Vorrang 84
Haustiere – nichts gegen Bello 86
Grillen und Feiern – Rücksicht nehmen
geboten 88
Rauch und Brotkrümel – Was sonst noch stört 90
Schnee-Schieber & Co – winterliche
Mieterpflicht 92

**Kapitel 6: Untermiete – Regelwerk statt
Beziehungskiste** 94

Schönes Verhältnis – nicht immer erlaubt 95
Riskantes Verhältnis – Hauptmieter haftet 96

Gesichertes Verhältnis – Untermietvertrag sinnvoll 98

Schutzloses Verhältnis – Kündigen geht fix 100

Gemeinschaftliches Verhältnis – Untermieter ganz besonderer Art 102

Kapitel 7: Modernisieren, Instandhalten, Instandsetzen – Was Mieter dulden müssen 104

Modernisieren – mehr als nur ein Anstrich 106

Elf Prozent – aber exakt belegt und erläutert 108

Finanzierungskosten, Mietausfall – keine Belastung für Mieter 110

Höhere Miete – statt Wertverbesserungszuschlag zulässig 111

Härtefall und Schadensersatz – nicht alles hinnehmen 113

Mieter-Modernisierung – mehr als nur behindertengerecht 115

Rückbau und „zweite Mietkaution" – nichts ist unmöglich 116

Modernisierungs-Vereinbarung – fast immer sinnvoll 118

Kapitel 8: Umbauen, Einbauen, Anbauen – Was darf ein Mieter verändern? 120

Gemeinschaftsordnung und Hausordnung – nicht nur Mieter-Latein 121

Instandhaltung und bauliche Veränderungen – Des Mieters Wille ist kein Himmelreich 124

Dübel & Co – Hammerfreiheit für Mieter 125

       Balkonien verschönern – Augenmaß wirkt
       Wunder 128

       Antenne oder Kabel – freier Empfang für freie
       „Miet-Bürger" 130

Kapitel 9: Schönheitsreparaturen – Was Mieter zahlen müssen 134

       Kleinreparaturen – und andere, nicht immer
       schöne Klauseln 138

       Fachmännisch – Wer bestimmt, was recht ist? 139

       Hand anlegen – grundsätzlich nur beim Auszug 140

       Schadensersatz – manchmal nötig 141

Kapitel 10: Renovierung, Wohnungsübergabe, Umzug – Worauf muss der Mieter achten? 144

       Renovieren – ohne starre Frist und Abgeltung 145

       Wohnung übergeben – streng nach Protokoll 150

       Umziehen – aber richtig 153

Kapitel 11: Kündigung – Worauf ein Mieter achten muss 156

       Pflichtverletzung des Mieters –
       Fristlos geht auch 156

       Eigenbedarf des Vermieters –
       klappt nicht immer 158

       Vorgetäuschter Eigenbedarf – Schadensersatz
       fällig 163

       Angemessene wirtschaftliche Verwertung –
       weitere Kündigungsgründe 165

       Kündigen – fristgerecht und niemals mündlich 166

Nachmieter – nicht ganz so einfach 168
Sonderkündigung – fast ohne Frist für Mieter 170
Sozialklausel – schützt immer................................ 173

Kapitel 12: Achtung Makler – Wie die richtige Wohnung finden?................... 176

Maklervertrag – Wer muss zahlen? 177
Die richtige Wohnung – klappt schon mit richtigem Check 181

Kapitel 13: Steuerspar-Modell für Mieter – Wie Sie dem Fiskus ein Schnäppchen schlagen 184

Handwerkerleistungen und haushaltsnahe Dienstleistungen anrechnen 184
Betriebskosten absetzen 187
Hausmeisterposten als Minijob nutzen 188
Untervermietung der eigenen Wohnung – Freigrenze beachten.. 189
Umzugskosten geltend machen.............................. 190

Stichwortverzeichnis 195

Mehr Service auf *stern.de*

- Muster-Mietvertrag
  Zum Downloaden und Vergleichen: So kann der Mietvertrag aussehen
- Wohnungsübergabe-Protokoll
  Ein Muster zum kostenlosen Download
- Schönheitsreparaturen
  Die jüngsten Urteile – und 10 Tipps, wie Sie sicher ausziehen.

Dies und mehr unter: www.stern.de/mieter

Vorwort

Wenn's Ärger gibt, steht man als Mieter oft blöd da: Während Makler und Vermieter Profis sind, die alle Tricks ihres Gewerbes kennen, ist man als Mieter in der Regel Laie. Man kann „Mieter" nirgendwo lernen, man ist es einfach. Oder eben nicht. Viele Makler und einige Vermieter nutzen das schamlos aus: Tanzt man nicht nach ihrer Pfeife, darf man nicht mitspielen – gerade bei attraktiven Wohnungen gibt es ja genug andere Interessenten.

Der *stern*-Ratgeber „Ihr Recht als Mieter" macht Sie kenntnisreicher und widerstandsfähiger gegenüber verbotenen Handgeldern von Maklern, ungehörigen Mieterhöhungen, falschen Nebenkostenabrechnungen und unscheinbaren, aber teuren Renovierungsklauseln im Mietvertrag. Doch es geht nicht nur um Ihre Rechte, sondern auch um Ihre Pflichten. Vom Mietvertrag bis zur Kündigung – mit diesem Ratgeber erfahren Sie, was Sie dürfen und was Sie müssen als Mieter.

Darüber hinaus finden Sie bei *stern.de*, der bildstarken Nachrichtensite im deutschsprachigen Internet, hilfreiche Formulare und weitere Informationen zum Thema – unter: www.stern.de/mieter.

Frank Thomsen
Chefredakteur *stern.de*

Einleitung

Deutschland ist Mieter-Land – ungeachtet aller Dichter und Denker. Etwa 50 Millionen Menschen, so wird geschätzt, leben in Deutschland zur Miete. Millionen Mietverträge werden Jahr für Jahr geschlossen, missachtet und gekündigt. Die Rechte der Mieter werden dabei vielfach verletzt, ausgehöhlt und umgangen. Und es ist wahrlich kein Einzelfall, dass Vermieter mit üblen Tricks versuchen, ihre Mieter dreist aufs Kreuz zu legen.

Rund 300.000 Streitfälle landen jährlich vor Gericht. Doch beim Recht für Mieter zeigt sich Justitia nur allzu oft als spröde Femme fatale. Mal gibt sie die Schöne, mal das Biest.

Deshalb sollten Sie als Mieter Ihre Rechte genau kennen und wissen, wo Sie recht haben – und vor allem, wie Sie recht bekommen. Dieser Ratgeber liefert Ihnen das notwendige Rüstzeug, mit dem Sie sich wirksam und erfolgreich vor Vermieter-Willkür schützen können. Wichtige Gerichtsurteile finden Sie ohne Juristen-Kauderwelsch so eingearbeitet und erläutert, dass sie Ihnen als Richtschnur für Ihr Handeln dienen können.

Ein paar hilfreiche Lesehinweise zum Schluss:

Urteile und Gerichtsentscheide werden entweder mit dem jeweiligen Aktenzeichen zitiert oder nach Abkürzungen in Fachzeitschriften.

Wird auf das **Aktenzeichen** Bezug genommen, lesen Sie bitte

- Abkürzung Gericht,
- Aktenzeichen.

BGH VIII ZR 181/07 heißt zum Beispiel: Bundesgerichtshof, Karlsruhe, Aktenzeichen VIII ZR 181/07.

Wird nach **Fachzeitschrift** zitiert, lesen Sie bitte

- Abkürzung Gericht,
- Abkürzung Zeitschrift,
- Jahrgang,
- Seite.

LG Mannheim ZMR 90, 303 heißt zum Beispiel: Landgericht Mannheim, „Zeitschrift für Miet- und Raumrecht, Jahrgang 90, Seite 303.

Hier finden Sie alle verwendeten Zeitschriften-Abkürzungen:

DWW	Deutsche-Wohnungs-Wirtschaft
GE	Das Grundeigentum
MM	Das Mieter-Magazin
NJW	Neue Juristische Wochenschrift
NJWE- MietR	NJW-Entscheidungsdienst Mietrecht
NJW-RR	NJW-Rechtsprechungs-Report
NZM	Neue Zeitschrift für Miet- und Wohnrecht
VuR	Verbraucher und Recht
WM	Wohnungswirtschaft und Mietrecht
ZMR	Zeitschrift für Miet- und Raumrecht

KAPITEL 1

Der Mietvertrag – Welche Klauseln sind wichtig?

Wenn denn in Deutschland ein Verhältnis existiert, das als extrem kompliziert, häufig zerrüttet und heftig zerstritten gilt, dann ist ganz bestimmt die Rede vom Mietverhältnis. Bis zu drei Millionen Mal wird es Jahr für Jahr eingegangen. Aber schon bevor dieses Verhältnis so richtig beginnt und in der Regel mit einem Vertrag besiegelt wird, birgt es allerlei Konfliktstoff.

Auskunftspflicht – nicht alles preisgeben

So hat etwa der Mieter gegenüber dem Vermieter eine gewisse Pflicht zur Selbstauskunft, das heißt, ein Mieter muss Auskunft über seinen derzeitigen Job und auch über seine Vermögensverhältnisse geben. Verschlingt die verlangte Miete beispielsweise 75 Prozent des Nettoeinkommens, hat der Mieter den Vermieter darüber zu informieren.

Pflicht zur Selbstauskunft

Falsche Angaben des Mieters zum Monatsverdienst können einschneidende Folgen nach sich ziehen. Der Vermieter darf in diesem Fall das Mietverhältnis beenden *(LG Mannheim ZMR 90, 303)*.

Nicht zulässig und bedenklich sind im Rahmen der Mieter-Selbstauskunft in der Regel Fragen nach

- Familienstand,
- Schulden,

- Zugehörigkeit zu einer Partei,
- Zugehörigkeit zu einer Gewerkschaft,
- Religionszugehörigkeit,
- Mitgliedschaft im Mieterverein,
- Vorstrafen,
- staatsanwaltlichen Ermittlungen,
- Arbeitgeber,
- Arbeitslosigkeit und
- Schwangerschaft.

Auskunftspflicht Vermieter

Aber auch für den Vermieter gibt es eine Auskunftspflicht. So muss er wahrheitsgemäß unter anderem Auskunft geben über

- die Höhe der Heiz- und Betriebskosten,
- Mieterhöhungen,
- Zinssenkungen,
- Wohnflächenberechnungen,
- die Zusammensetzung der Miete bei öffentlich geförderten Wohnungen,
- den geplanten Verkauf der zu vermietenden Wohnung und
- den Auszug des Vormieters.

Befristet oder unbefristet – am besten schriftlich

Mündliche Vereinbarungen nicht immer eindeutig

Bevor ein Mietvertrag geschlossen wird, können mündliche Vereinbarungen getroffen werden, die bereits bindenden Charakter haben. Weil dies jedoch in der Praxis nicht immer eindeutig belegt und nachgewiesen werden kann, sollten Sie Vereinbarungen vor einem endgültigen Mietvertrag sinnvollerweise schriftlich festhalten und einen Vorvertrag schließen.

Sie vermeiden so unnötige Auseinandersetzungen und Scherereien mit Ihrem Vermieter.

Eindeutig bindende mündliche Vereinbarungen liegen etwa vor, wenn ein Mieter bereits in das Mietobjekt eingezogen ist. Diese Ansicht vertraten jedenfalls die Richter am Hamburger Oberlandesgericht in ihrem Spruch *(OLG Hamburg WM 89, 492).*

> **TIPP**
>
> Treffen Sie mit Ihrem Vermieter vor Abschluss des Mietvertrages Vereinbarungen, halten Sie diese am besten in einem Vorvertrag verbindlich fest.

Der Vorvertrag sollte bereits möglichst viele Details enthalten wie

Vorvertrag möglichst genau

- die Höhe der Miete,
- die Höhe von Nebenkosten,
- die Höhe von Heiz- und Betriebskosten,
- die Laufzeit des Mietverhältnisses,
- den Beginn des Mietverhältnisses,
- mögliche anstehende Schönheitsreparaturen sowie
- den Termin der Schlüsselübergabe.

Was ein Mietvertrag eigentlich ist, wird im Bürgerlichen Gesetzbuch (BGB) definiert. Es wird nichts ver- oder gekauft; Sie bekommen auch nichts geschenkt. Nach den §§ 535–580a BGB wird etwas, in der Regel die Wohnung, zum Gebrauch überlassen, es wird ein Gebrauchsüberlassungs-Vertrag auf Gegenseitigkeit geschlossen. Und deshalb ist es wichtig und notwendig, dass beide Parteien, Mieter und Vermieter, genau festlegen, was gemietet bzw. vermietet wird, was der

Gebrauchszweck ist und wie viel dafür bezahlt werden soll.

Vier Arten von Mietverträgen

Bevor Sie eine Wohnung mieten, sollten Sie sich genau überlegen, welche Art Mietvertrag für Sie sinnvoll ist. In Deutschland gibt es verschiedene Mietverträge. Im Wesentlichen werden vier Arten unterschieden:

- unbefristete Mietverträge,
- befristete Mietverträge oder Zeitmietverträge,
- Staffelmietverträge und
- Indexmietverträge.

Darüber hinaus können noch besondere Verträge geschlossen werden für:

- Untervermietung,
- Einliegerwohnung,
- Werkwohnung,
- möblierten Wohnraum oder
- Wohnheimzimmer.

Mündlicher Mietvertrag riskant

Sie können sich auch ganz im Stile des „ehrlichen" Kaufmanns auf einen **mündlichen** Mietvertrag einlassen und die getroffenen Vereinbarungen mit dem berühmten Handschlag besiegeln. Mögliche Vorteile für Mieter sind dann etwa:

- keine Vertragsklauseln wie in Formular-Mietverträgen, in denen Mieter-Pflichten ausgeweitet und Mieter-Rechte eingeschränkt werden;
- nur gesetzlich festgelegte Mieter-Rechte und Mieter-Pflichten (es entfällt dann beispielsweise die Zahlung von Betriebskosten oder Schönheitsreparaturen);

- keine zeitliche Begrenzung der Mietdauer, denn mündliche Verträge sind grundsätzlich unbefristete Verträge.

Diesen möglichen Vorteilen steht allerdings ein gravierender Nachteil gegenüber: Sie riskieren als Mieter immer, dass im Laufe der Mietdauer unterschiedliche Auffassungen zwischen Vermieter und Mieter entstehen, was denn eigentlich mündlich vereinbart worden ist. Und dann sind Streit und womöglich gerichtliche Auseinandersetzungen mit ungewissem Ausgang vorprogrammiert.

Mit einem schriftlichen Mietvertrag sind Sie grundsätzlich in fast jeder Hinsicht auf der sicheren Seite – denn beide Vertragsparteien (sollten) wissen, was sie unterschrieben haben.

Welche schriftlichen Mietverträge werden unterschieden?

1. Unbefristeter Mietvertrag

Beim unbefristeten Mietvertrag gibt es keine zeitliche Begrenzung – die Laufzeit des Vertrages ist prinzipiell unbegrenzt. Unter Einhaltung der Kündigungsfrist kann er jedoch jederzeit vom Mieter wie auch Vermieter gekündigt werden. Allerdings hat der Gesetzgeber eine mieterfreundliche Regelung beschlossen: Der Mieter muss lediglich fristgerecht kündigen. Der Vermieter muss in der Regel darüber hinaus noch zusätzlich einen gesetzlich anerkannten Kündigungsgrund benennen. Existiert ein solcher Grund nicht, ist die Kündigung unwirksam.

Kündigungsfrist und Kündigungsgrund

2. Befristeter Mietvertrag

Zeitmietvertrag nur schriftlich

Bei einem **befristeten Mietvertrag** oder **Zeitmietvertrag** wird das Mietverhältnis automatisch nach einem bestimmten, im Mietvertrag vereinbarten Zeitraum beendet. Im Unterschied zu unbefristeten Mietverträgen muss ein Zeitmietvertrag immer schriftlich vereinbart werden. Geschieht dies nicht, wird der Vertrag zwar nicht ungültig, es entfällt jedoch die zeitliche Befristung. Der Vertrag wird dann zu einem unbefristeten Mietvertrag und kann unter Einhaltung der entsprechenden Kündigungsfristen aufgelöst werden. Weder Mieter noch Vermieter können Zeitmietverträge vor Ende der vereinbarten Mietdauer kündigen. Lediglich eine fristlose Kündigung ist möglich (siehe auch Seite 156 f.).

Vor der Mietrechts-Reform im Jahre 2001 wurde noch zwischen „unqualifizierten" und „qualifizierten" Zeitmietverträgen unterschieden.

Qualifizierte Zeitmietverträge

- **Qualifiziert bedeutet:** Vermieter und Mieter müssen in diesem Zeitmietvertrag den Grund für die zeitliche Befristung festhalten und vereinbaren. Gründe der Befristung können sein: Der Vermieter möchte nach Ende der Mietlaufzeit die Wohnung selbst nutzen oder er möchte nach Laufzeit-Ende derart umfangreiche Umbauarbeiten durchführen lassen, dass der Mieter nicht länger in der Wohnung wohnen kann. Der Befristungsgrund ist deshalb so wichtig, weil ein Mieter nur dann auch tatsächlich ausziehen muss, wenn nach Ablauf der Mietzeit der vereinbarte Grund für die Befristung des Mietverhältnisses noch vorliegt.

- **Unqualifiziert bedeutet:** Zeitmietverträge, die vor dem 31. August 2001 abgeschlossen worden sind, enden zwar nach Ablauf der vereinbarten Mietzeit, ohne dass der Vermieter einen Grund für die Befristung nennen muss. Allerdings kann der Mieter verlangen, das Mietverhältnis fortzusetzen. Der Mieter muss dies seinem Vermieter zwei Monate vor dem Vertragsende des Mietverhältnisses mitteilen. Der Vermieter kann nur dann das Mietverhältnis beenden, wenn er dafür einen triftigen Befristungsgrund hat. In der Regel genügt es etwa, Eigenbedarf anzumelden. Solche alten Zeitmietverträge gelten auch nach der Mietreform weiter, aber nur wenn sie eben bis zum 31. August 2001 abgeschlossen worden sind.

Unqualifizierte Zeitmietverträge

3. Staffelmietvertrag

Bei einem **Staffelmietvertrag** wird in der Regel ein befristetes Mietverhältnis geschlossen. Das Besondere am Staffelmietvertrag sind die Vereinbarungen über die Höhe des Mietzinses. Bei Vertragsabschluss werden sowohl eine Anfangsmiete wie auch eine jährliche Mietsteigerung für die gesamte Vertragslaufzeit vereinbart. In Staffelmietverträgen ist demnach die Höhe von Anfangs- und Endmiete genau festgelegt. Der Vermieter kann den Vertrag nicht während der Laufzeit kündigen. Ein Mieter hingegen darf das unter bestimmten Voraussetzungen schon. Sein Sonderkündigungsrecht erlaubt dem Mieter, den Mietvertrag erstmals zum Ablauf des vierten Jahres zu kündigen. Danach kann er unter Einhaltung der gesetzlichen Kündigungsfristen kündigen (siehe auch S. 167).

Staffelmietvertrag legt Mietsteigerung fest

Sonderkündigungsrecht

Der Mieterbund rät, unbedingt auf folgende Punkte zu achten:

- Zwischen den einzelnen Mieterhöhungen muss mindestens ein Jahr liegen.
- Sowohl die jeweilige Monatsmiete wie auch der Erhöhungsbetrag müssen exakt benannt werden.
- Mieterhöhungen in Prozentzahlen sind nicht zulässig.
- Für Alt-Verträge, die bis zum 31. August 2001 abgeschlossen worden sind, darf eine Staffelmiete maximal für zehn Jahre vereinbart werden.

4. Indexmietvertrag

Mietsteigerung nach Preis-Index

Bei einem **Indexmietvertrag** gelten ähnliche Vereinbarungen wie bei einem Staffelmietvertrag. Die Höhe des Mietzinses wird zwar als Anfangsmiete festgelegt. Die jährlichen Mietsteigerungen sind dann allerdings nicht auf Euro und Cent vereinbart, sondern gekoppelt an den Preis-Index für die allgemeinen Lebenshaltungskosten des Statistischen Bundesamtes. Bei Verträgen, die bis zum 31. Dezember 1999 geschlossen wurden, durfte auch ein anderer Preis-Index zugrunde gelegt werden. Diesen Index musste allerdings eine Landeszentralbank genehmigen.

Des weiteren gilt für Indexmietverträge:

- Zwischen den einzelnen Mieterhöhungen muss mindestens ein Jahr liegen.
- Für Verträge ab dem 1. September 2001 gibt es keine Mindestlaufzeit mehr.
- Für Alt-Verträge, die bis 31. August 2001 abgeschlossen worden sind, muss eine Indexmiete für

mindestens zehn Jahre oder auf Lebenszeit von Mieter oder Vermieter vereinbart werden.

Ein bestehendes Mietverhältnis kann nur dann in einen Indexmietvertrag umgewandelt werden, wenn der Mieter dem zustimmt.

Der Vertragsabschluss – eine Checkliste

Beim Abschluss eines schriftlichen Mietvertrages sollten Sie nach Empfehlung des Mieterbundes insbesondere auf folgende Punkte achten:

- Die beiden Vertragsparteien müssen genau bezeichnet sein.
- Name und Anschrift des Vermieters müssen vollständig aufgeführt sein.
- Anschrift und Lage der Mietwohnung (etwa Erdgeschoss links) müssen exakt bezeichnet sein.
- Welche Art Mietvertrag soll geschlossen werden? Handelt es sich um einen unbefristeten Mietvertrag, einen befristeten bzw. Zeitmietvertrag, einen Staffelmietvertrag oder um einen Indexmietvertrag?
- Zur Vorsicht rät der Mieterbund, wenn Sie eine „Einliegerwohnung" mieten wollen. Sie genießen dann keinen vollen Kündigungsschutz, wenn nur Sie und Ihr Vermieter in dem Haus wohnen. Bestehen Sie deshalb auf eine Vereinbarung, wonach das Kündigungsrecht Ihres Vermieters für einen bestimmten Zeitraum (mindestens drei Jahre) ausgesetzt wird. **Kündigungsschutz vereinbaren!**
- Die vereinbarte Miete sollte ebenso genau festgelegt sein wie vereinbarte Mieterhöhungen. Akzeptieren Sie keine Mieterhöhungen in Prozent-Zahlen.

- Der Beginn des Mietverhältnisses sollte mit Datum exakt fixiert sein.
- Bei Zeitmietverträgen sollten die Laufzeit wie auch der konkrete Befristungsgrund benannt sein.

Realistische Nebenkosten
- Die monatliche Nebenkosten-Pauschale sollte eine realistische Höhe haben. Ein zu niedrig angesetzter Betrag führt in der Regel zu einer hohen Nachzahlung, die dann bei der Jahresabrechnung fällig wird.
- Prüfen Sie nicht nur bei einem Mehrparteien-Mietshaus, wie die Nebenkosten aufgeteilt sind und ob diese Aufteilung korrekt ist. Werden Ihnen etwa Kosten für Einrichtungen und Leistungen aufgebürdet, die Sie nicht beanspruchen (z. B. Fahrstuhl im Erdgeschoss, Vertrag über Fernseh-Empfang über Antenne oder Kabel)?

Maximal drei Monatsmieten
- Die Sicherheitsleistung oder Kaution berechnet sich immer nur nach dem reinen Mietzins ohne alle Neben- und Betriebskosten. Die Kaution darf höchstens drei Monatsmieten betragen. Bei Sozialwohnungen, wie etwa in Hamburg seit 2001, dürfen nicht mehr als zweieinhalb Monatsmieten verlangt werden. Sie können die Kaution entweder auf Ihr eigenes Sparbuch einzahlen, wenn Sie dieses Sparbuch an den Vermieter verpfänden. Die Kaution kann aber auch vom Vermieter auf ein Sparbuch eingezahlt werden. Wichtig ist hierbei, dass dieses Sparbuch eindeutig vom Vermögen des Vermieters getrennt ist.
- Wenn Sie Ihre Wohnung über einen Makler mieten, darf dieser Ihnen maximal die doppelte Monatsmiete als Maklergebühr oder „Courtage" in Rech-

nung stellen. Auch hier gilt die reine Monatsmiete ohne jegliche Neben- oder Betriebskosten als Grundlage. Sollte die Maklergebühr unrechtmäßig erhoben worden sein, können Sie diese binnen drei Jahren zurückfordern. (Siehe S. 181)

- Füllen Sie immer gemeinsam mit Ihrem Vermieter ein Wohnungsübergabe-Protokoll aus, das Sie auch beide unterschreiben. Wenn möglich, sollte eine weitere Person als Zeuge dieses Protokoll unterschreiben. Sowohl der Mieter als auch der Vermieter sollte eine Kopie des Protokolls haben. (Siehe S. 150)

Wohnungsübergabe-Protokoll

- Prüfen Sie genau nach, ob die vom Vermieter angegebene Wohnfläche auch tatsächlich der Wirklichkeit entspricht. Bestehen Sie darauf, dass die Wohnfläche exakt bezeichnet wird. Stimmen die Angaben im Mietvertrag nämlich nicht mit der tatsächlichen Wohnfläche überein, ist die Wohnung also kleiner als angegeben, haben Sie als Mieter das Recht, die Miete zu mindern. (Siehe S. 58 ff)

Unwirksame Klauseln

Der Mieterbund hat in einer Art Checkliste alle unwirksamen Klauseln eines Formularmietvertrags zusammengefasst:

Unwirksame Klauseln

- eine Kosten-Pauschale für Umzugsschäden im Treppenhaus, die der Mieter zu zahlen hat; der Mieter muss nur die tatsächlich von ihm verursachten Schäden beheben und für diese haftet er auch;
- Vereinbarungen über Instandhaltung oder Instandsetzung, die der Mieter auf seine Kosten durchzuführen hat;

- eine Beteiligung des Mieters an Reparaturen in der Mietwohnung im Einzelfall mit 20 Prozent der Monatsmiete;
- eine Beteiligung des Mieters an allen Reparaturen mit 50 Euro; im Einzelfall darf der Mieter an Reparaturkosten bis zu 80 Euro nur beteiligt werden, wenn die Gesamtkosten pro Jahr angemessen begrenzt werden;
- eine Vereinbarung, wonach Teppichböden nicht fest verklebt werden dürfen; der Mieter ist allerdings bei seinem Auszug verpflichtet, den ursprünglichen Zustand wiederherzustellen, wenn dies der Vermieter verlangt;
- eine Vereinbarung, wonach der Vermieter nicht für die rechtzeitige Freistellung der Räume durch den Mieter haftet; dieses Risiko hat immer der Vermieter zu tragen;
- eine Vereinbarung, wonach Mieter anteilig für die Kosten für die Behebung von Schäden bei Kanal- oder Leitungsverstopfung haften;
- eine Vereinbarung, wonach Mieter Kosten und Abgaben im Zusammenhang mit dem Abschluss des Mietvertrages zu übernehmen haben; eine derartige Klausel enthält keine klare Aussage über die Höhe und den Umfang dieser Mieter-Verpflichtung;
- eine Vereinbarung, wonach Mieter verpflichtet sind, auch nach Abschluss des Mietvertrages die Installation einer Gemeinschaftsantenne oder eines Kabelanschlusses zu dulden;
- eine Vereinbarung, wonach der Vermieter jederzeit die Mieträume betreten kann; dies darf ein Vermie-

ter nur, wenn er sich bei seinem Mieter anmeldet und einen Termin abspricht;
- eine Vereinbarung, wonach zwischen 8.00 und 21.00 Uhr eine Raumtemperatur von 18 Grad Celsius als vertragsgemäße Erfüllung des Mietvertrages gilt;
- eine Vereinbarung, die den Mieter bei einer vorzeitigen Beendigung des Mietverhältnisses verpflichtet, auch dann Miete für die restliche Laufzeit des Mietvertrages zu zahlen, wenn der Vermieter die Mietwohnung bereits erneut vermietet hat;
- eine Vereinbarung, wonach eine Kündigung nur dann wirksam wird, wenn der Vermieter sie per Einschreiben erhält; es darf allerdings festgelegt werden, dass eine Kündigung schriftlich ausgesprochen werden muss;
- eine Formulierung, wonach mündliche Vereinbarungen ungültig sind; der Mieter muss jedoch beweisen, dass der Vermieter tatsächlich eine konkrete mündliche Zusicherung gegeben hat.

> **TIPP**
>
> Lassen Sie sich in jedem Fall vom Mieterbund beraten, bevor Sie einen Mietvertrag unterschreiben. Prüfen Sie alle wichtigen Vertragsklauseln.
>
> Klären Sie vor Vertragsunterzeichnung, welche Klauseln für Sie als Mieter Nachteile zur Folge haben oder unwirksam sind. So ersparen Sie sich unter Umständen viel Ärger im Nachhinein.

Rechtlich nie bindend

Etwas sehr Beruhigendes betont der Mieterbund: Selbst wenn Sie unwirksame Klauseln in Ihrem Mietvertrag unterschrieben haben, sind diese für Sie rechtlich nicht bindend. Denn mit unwirksamen Klauseln wird so umgegangen, als stünden sie nicht im Mietvertrag. An ihre Stelle treten dann die gesetzlichen Regelungen und Bestimmungen. Beachten Sie aber: Unwirksame Klauseln heben den Mietvertrag nicht auf. Das Mietverhältnis gilt als vereinbart und geschlossen, der Vertrag ist weiterhin gültig und wirksam.

KAPITEL 2

Nebenkosten – Was darf bei der zweiten Miete abgerechnet werden?

Millionen Mieter trifft Jahr für Jahr der Schlag. Die böse Überraschung erleben sie meist per Post. Ins Haus geflattert kommt die Jahresabrechnung der Neben- oder Betriebskosten, mitunter gerade mal so eben fristgerecht, die fast überall für ein bitteres Erwachen sorgt.

Die Nebenkostenabrechnung – erschreckend hoch, schon allein wegen der explodierenden Energiekosten. Aber auch erschreckend falsch, weil nach Erkenntnissen des Mieterbundes mehr als ein Drittel aller Jahresabrechnungen schlichtweg fehlerhaft ist. Mieter zahlen nur allzu oft viel zu viel an Nebenkosten, weil der Vermieter mitunter Kosten in Rechnung stellt, die er gar nicht abrechnen darf.

Falsche Abrechnungen

Die Neben- oder Betriebskosten müssen im Mietvertrag genau aufgeführt und vereinbart sein. Außerdem muss angegeben sein, wie sich diese Kosten für Ihre Mietwohnung exakt aufschlüsseln.

Gibt es in Ihrem Mietvertrag keine Vereinbarung zu den Neben- oder Betriebskosten, müssen Sie auch nichts zusätzlich zum Mietzins zahlen. Allerdings gibt es eine Ausnahme: die Heizkosten. Werden diese Kosten nach Verbrauch abgerechnet, dann muss dies nicht eigens im Mietvertrag vereinbart sein.

Ausnahme Heizkosten

In den meisten Mietverträgen wird zusätzlich zum Mietzins die Zahlung von Nebenkosten vereinbart. Man spricht in diesem Fall von einer Nettomiete, die ein Mieter unabhängig von den Nebenkosten zu zahlen hat. Es gibt allerdings auch Mietverträge, die eine All-inclusive-Miete festlegen. Dann sind alle Neben- und Betriebskosten in dem Mietzins enthalten. Bei Verträgen, in denen eine derartige Bruttomiete vereinbart ist, können in der Regel die Nebenkosten nicht erhöht werden, es sei denn, im Mietvertrag wird die Erhöhung der Nebenkosten geregelt.

Wirtschaftlichkeit geboten

Grundsätzlich gilt für alle Betriebskosten: Ihr Vermieter hat das Gebot der Wirtschaftlichkeit zu erfüllen. Na schön, werden Sie als Mieter vielleicht einwenden, was heißt das denn nun für die fällige Jahresend-Abrechnung?

Prüfen Sie, ob die berechneten Betriebskosten gerechtfertigt oder aber überhöht sind – es lohnt sich. Es genügt allerdings nicht, wenn Sie als Mieter nur zu hohe Betriebskosten anmahnen. Sie müssen schon darlegen, wo Ihr Vermieter gegen das Gebot der Wirtschaftlichkeit verstoßen hat. *(BGH WM 2007, 393)*

Erhöhungen genau erläutern

Steigen die Betriebskosten, muss Ihnen Ihr Vermieter genau erläutern, warum. Kann er das nicht, liegt die Vermutung nahe, dass er unnötig hohe Kosten verursacht hat, sich also unwirtschaftlich verhalten hat. Das Landgericht Hamburg hat einen solchen Fall mieterfreundlich beurteilt. Der Mieter darf die Betriebskosten entsprechend kürzen, wenn sich etwa die Kosten für Wasser im Vergleich zum Vorjahr verdoppelt haben und der Vermieter diese Kostensteigerung nicht begründen kann. *(LG Hamburg NZM 2001, 806)*

Nur „wirtschaftliche" Betriebskosten abrechnen bedeutet für Ihren Vermieter aber auch, dass möglichst immer der günstigste Dienstleister zu verpflichten ist. Arbeitet dieser allerdings nicht fachmännisch, geht ihm also der Ruf des Pfuschers voraus, und ist billig eben nicht gleich gut, dann darf der Auftrag auch an andere gehen.

Wirtschaftliche Betriebskosten

Für Kölner Richter etwa verletzte ein Vermieter das Wirtschaftlichkeitsgebot, als er einen Hausmeisterdienst beauftragte, der das Doppelte der Konkurrenzdienste in Rechnung stellte. (*AG Köln WM 99, 466*)

Betriebskosten – alles, was zählt

Was Betriebskosten sind, wird eindeutig in der Betriebskosten-Verordnung (BetrKV) aufgelistet. Ganze 17 Positionen umfasst § 2:

Betriebskosten-Verordnung

- die laufenden Lasten des Grundstücks (etwa Grundsteuer),
- die Kosten der Wasserversorgung,
- die Kosten der Entwässerung,
- die Heizkosten,
- die Kosten der zentralen Warmwasserbereitung,
- die Kosten verbundener Heizungs- und Warmwasserversorgungsanlagen,
- die Kosten für den Aufzug,
- die Kosten für Straßenreinigung und Müllbeseitigung,
- die Kosten für Hausreinigung und Ungezieferbeseitigung,
- die Kosten der Gartenpflege,
- die Kosten der Beleuchtung,

- die Kosten der Schornsteinreinigung,
- die Kosten für Sach- und Haftpflichtversicherung,
- die Kosten für den Hauswart,
- die Kosten für den Betrieb der Gemeinschaftsantennenanlage oder des Breitbandkabelnetzes,
- die Kosten für den Betrieb von Anlagen gemeinschaftlicher Wäschepflege,
- „sonstige Betriebskosten".

Für vermietete Sozialwohnungen kann der Vermieter darüber hinaus noch ein sogenanntes „Umlageausfallwagnis" verlangen, und zwar im Ausmaß von bis zu zwei Prozent der Betriebskosten.

Betriebskosten – alles, was nicht zählt

Vermieter versuchen immer wieder, ihren Mietern Kosten aufzubrummen, die eben keine Betriebskosten sind. Gerade Vermieter von Eigentumswohnungen, die ihrerseits ja häufig Verwaltungsgebühren für die Wohnanlage abführen müssen, sowie große Wohnungsgesellschaften wälzen unzulässigerweise ihre Kosten auf ihre Mieter ab.

Unzulässige Betriebskosten

Was Sie als Mieter auf keinen Fall zahlen müssen, hat der Mieterbund zusammengestellt. Betriebskosten sind demnach nicht:

- Verwaltungskosten, wie etwa Gebühren für Telefon, Porto, Kontoführung,
- Instandhaltungsrücklagen, etwa unter der Position „Wartungsarbeiten" (Prüfen Sie also genau, was bei welchen Geräten gewartet worden ist.),
- Grundeigentümervereins-Beiträge des Vermieters,
- Bankgebühren für das Mietkonto,

- Wartungskosten für die Klingelsprechanlage, die Türschließanlage und die Rauchabzugsanlage,
- Zinsen eines Kredits zum Kauf von Heizöl,
- Zinsabschlagssteuer für die Instandhaltungsrücklage,
- Erbbauzinsen,
- Mehrwertsteuer auf den Endbetrag der Nebenkostenabrechnung,
- Miete oder Kauf eines Gastanks,
- Reparaturkosten-Versicherung,
- Rechtsschutz-Versicherung,
- Mietausfall-Versicherung,
- Kosten der Spülung der Fußbodenheizung,
- Kosten der Fassadenreinigung,
- Wartungskosten für einen Gasherd.

Voraus oder pauschal – der feine kleine Unterschied

Nebenkosten werden meist monatlich gezahlt. Die Höhe der monatlichen Nebenkosten wird im Mietvertrag vereinbart. Entweder als Vorauszahlung oder als Pauschale. Auf den kleinen Unterschied kommt es allerdings an. Sie sollten deshalb prüfen, was Sie da vertraglich aushandeln.

Bei einer **Vorauszahlung** kommt es auf die tatsächlich angefallenen Kosten im Abrechnungszeitraum an. Als Mieter zahlen Sie monatlich einen vereinbarten Betrag, gewissermaßen eine Nebenkosten-Rate. Am Jahresende wird dann die Summe Ihrer geleisteten Vorauszahlungen den tatsächlichen, auf Ihre Mietwohnung umgelegten Betriebskosten gegenüber-

Tatsächlich angefallene Kosten

gestellt und verrechnet. Entweder haben Sie dann zu viel vorausgezahlt oder zu wenig. Gezahlte Betriebskosten werden Ihnen entsprechend rückerstattet – oder Sie müssen nachzahlen.

Pauschale deckt alles ab

Bei einer **Pauschale** kann es Ihnen als Mieter zunächst einmal egal sein, ob die Betriebskosten im Abrechnungszeitraum steigen. Mit der monatlich gezahlten Pauschale sind bereits alle Betriebskosten abgedeckt. Selbst bei explodierenden Preisen kann Ihr Vermieter keine Nachzahlung zur Pauschale verlangen. Das ist sein Pech. Als Mieter tragen Sie dabei jedoch auch ein gewisses, wenn auch (zugegebenermaßen in verteuerten Zeiten wie den unseren) nicht so extrem hohes Risiko: Sollten die Betriebskosten am Ende niedriger ausfallen als die gezahlte Pauschale, gucken Sie als Mieter in die Röhre. Eine Rückerstattung zu viel gezahlter Beträge ist bei einer Pauschale nicht drin.

Ihr Vermieter kann nur die künftige Pauschale erhöhen – aber auch nur dann, wenn dies in Ihrem Mietvertrag steht.

Zahlungs-Mix

Beachten Sie, dass in einem Mietvertrag ein Zahlungs-Mix betreffend die Betriebskosten ausgehandelt werden kann. So ist es durchaus üblich, für bestimmte Betriebskosten (etwa für die gemeinschaftliche Antennen-Anlage) eine Pauschale festzulegen. Bei verbrauchsabhängigen Betriebskosten (etwa Heizung oder Wasser) wird in der Regel eine monatliche Vorauszahlung vereinbart.

Person oder Quadratmeter – immer richtig abrechnen

Der Gesetzgeber schreibt es seit der Mietrechtsreform aus dem Jahre 2001 vor: Die Betriebskosten-Abrechnung muss im Prinzip nach dem Anteil der Wohnfläche durchgeführt werden. Mieter und Vermieter können allerdings auch einen anderen Abrechnungsschlüssel vereinbaren.

Sie können folgende verschiedene Verteilerschlüssel festlegen:

Verteilerschlüssel

- Wohnfläche der gemieteten Wohnung,
- Anzahl der in der Mietwohnung lebenden Personen,
- Anzahl der Wohnungen in einem Mietshaus,
- Kubikmeter umbauten Raum,
- Verbrauch,
- bei vermieteten Eigentumswohnungen der Miteigentumsanteil.

In den meisten Fällen bildet die gemietete Wohnfläche den Abrechnungsmaßstab für die Betriebskosten. Verbrauchsabhängige Kosten sind allerdings nach dem Verursacher-Prinzip umzulegen, also nach der Anzahl der Miet-Personen, die verbrauchen.

Verursacher-Prinzip

Der Bundesgerichtshof hat 2008 ein wichtiges Urteil zur Umlage von Betriebskosten gefällt: Wird demnach der Berechnung die Anzahl der Personen als Verteilerschlüssel zugrunde gelegt, ist immer die Anzahl der tatsächlich in der Mietwohnung lebenden Personen maßgebend. Der Vermieter hat diese Anzahl an bestimmten Stichtagen zu überprüfen. Er darf für die Abrechnung keine Daten des Einwohnermeldeamtes verwenden. Dies, entschieden die Richter, ist unzulässig. *(BGH VIII ZR 82/0)*

Abrechnung nach Wohnfläche

Wird nach der Wohnfläche abgerechnet, muss der Vermieter nicht unbedingt die tatsächliche Quadratmeter-Zahl zugrunde legen. Maßgebend ist die Wohnfläche, die im Mietvertrag angegeben ist. Das kann für Mieter Nachteile bringen, denn die Richter sind der Auffassung, dass ein Mieter eine Abweichung bis zu zehn Prozent von der tatsächlichen Wohnfläche tolerieren muss. Nur bei einer größeren Abweichung muss nach der wirklichen Größe der Wohnfläche abgerechnet werden. *(BGH WM 2007, 700)*

Der Mieterbund macht auf weitere Besonderheiten aufmerksam:

Hauswasserzähler

- Verbrauchsabhängige Kosten, etwa für Wasser, Abwasser oder Müll, können nach der Wohnfläche abgerechnet werden. Sie können aber auch nach dem tatsächlichen Verbrauch der einzelnen Mieter abgerechnet werden. Wird allerdings Wasser für einzelne Mieteinheiten verbrauchsabhängig über jeweils eigene Wasseruhren abgerechnet, kann trotzdem der Zählerstand des Hauptwasserzählers alleiniger Maßstab für die Höhe der Wasserkosten sein. Weicht nämlich der zusammengerechnete Stand aller Wohnungs-Wasserzähler vom Stand des Hauptwasserzählers ab, gilt als Abrechnungsgrundlage der Hauptwasserzähler. Es sei denn, dieser Stand weicht um mehr als 20 Prozent ab. Dann werden die Kosten anhand der Wasserzähler der einzelnen Mietwohnungen ermittelt. *(AG Dortmund DWW 92, 180; LG Braunschweig WM 99, 294)*

- Die Kosten für einen Fahrstuhl werden nach der Größe der Wohnfläche umgelegt. Dies muss aber nicht für Erdgeschoss-Wohnungen gelten. Allerdings haben Mieter keinen Anspruch darauf, dass ihre Parterre-Wohnung von der Berechnung ausgenommen wird.
- Bei Gas-Etagenheizungen und bei Gas-Warmwassergeräten wird dann nach Wohneinheiten abgerechnet, wenn nicht alle Wohnungen eines Miethauses mit diesen Geräten ausgestattet sind.

> **TIPP**
>
> Beachten Sie: Mieter und Vermieter sollten immer vor einer Abrechnungsperiode festlegen, nach welchem Verteilerschlüssel abgerechnet wird.

Ein Vermieter kann den einmal im Mietvertrag festgelegten Verteilerschlüssel in der Regel nicht einseitig ändern. Nur die Umstellung auf eine verbrauchsabhängige Abrechnung ist möglich.

Auch Mieter in einem Mehrparteien-Mietshaus können den vertraglich ausgehandelten Versteilungsschlüssel nicht ohne Weiteres ändern, etwa durch einen Mehrheits-Beschluss.

Grundsätzlich kann ein Verteilungsschlüssel nie rückwirkend geändert werden. Erst für den neuen Abrechnungszeitraum kann der neue Schlüssel angewendet werden. (*LG Bautzen WM 2001, 288; AG Köln WM 98, 692; LG Mannheim WM 75, 5; LG Düsseldorf WM 96, 777*)

Nicht immer gerecht

Betriebskosten, die nicht an den Verbrauch gekoppelt sind, sondern nach der Anzahl der in einer Mietwohnung lebenden Personen abgerechnet werden, sind nicht immer gerecht verteilt. So führt der Mieterbund Gerichtsurteile an, wonach es unbillig ist, wenn in unterschiedlich großen Mietwohnungen nach der Personenzahl abgerechnet wird. Zum Beispiel: In einer 150 Quadratmeter großen Wohnung lebt allein der Vermieter. Die andere Wohnung seines Hauses, 86 Quadratmeter groß, hat er an eine dreiköpfige Familie vermietet. Gemäß personenbezogenem Verteilerschlüssel hätte die Familie dreimal so viel verbrauchsunabhängige Betriebskosten (Grundsteuer, Haftpflicht, Versicherungen) zahlen müssen wie der Vermieter selbst. Das geht nicht, ist unbillig, sagt die Rechtsprechung. (*LG Wuppertal WM 93, 685; AG Neuss, WEM 88, 131*)

Steht im Übrigen in einem Mietshaus eine Wohnung leer, so hat selbstverständlich der Vermieter die anteiligen Betriebskosten zu tragen. Diese Kosten müssen in der Abrechnung der Betriebskosten für das gesamte Mietshaus klar und eindeutig ersichtlich sein.

Abrechnen, prüfen, einwenden – immer fristgerecht

Betriebskosten-Abrechnung

Abgerechnet werden muss immer, aber eben nicht irgendwann einmal. Ihr Vermieter hat fristgerecht und ordentlich abzurechnen. Das bedeutet, Sie als Mieter müssen die Betriebskosten-Abrechnung spätestens ein Jahr nach dem Abrechnungs-Zeitraum erhalten. Und zwar in einer schriftlichen, korrekten, übersichtlichen, verständlichen und nachvollziehbaren Form.

Zwölf Monate beträgt die Ausschlussfrist für Ihren Vermieter. Verstreicht diese Frist und hat dies Ihr Vermieter zu vertreten, kann er in der Regel keinerlei Nachforderungen mehr stellen. Selbst wenn er eine Betriebskosten-Position vergessen hat und die Abrechnung ein Plus für den Mieter ausweist, darf der Vermieter nichts mehr korrigieren und nachfordern. Das hat der Bundesgerichtshof 2008 ganz im Sinne der Mieter so entschieden. *(BGH VIII ZR 84/07)*

Ausschlussfrist für Vermieter

Auf eine Ausnahme weist der Mieterbund allerdings hin: Wenn Sie den vereinbarten monatlichen Vorauszahlungen nicht nachkommen, darf Ihr Vermieter eine Nachzahlung in Höhe der noch ausstehenden Vorauszahlungen verlangen. Und zwar auch noch nach Vorlage der Abrechnung. *(BGH WM 2007, 700)*

Deutlich von der Ausschlussfrist zu unterscheiden ist die Verjährungsfrist.

Verjährungsfrist drei Jahre

Für Mieter wie Vermieter beträgt die Verjährungsfrist bei der Betriebskosten-Abrechnung drei Jahre. Die Verjährungsfrist beginnt am Ende des Jahres, in dem die Abrechnung dem Mieter vorliegt. Erhalten Sie also im Januar 2009 Ihre Betriebskosten-Abrechnung, beginnt die Verjährungsfrist am 31.12.2009 und endet am 31.12.2012.

Ihr Vermieter muss Ihnen eine Abrechnung vorlegen. Er darf sie nicht irgendwo im Flur oder Treppenhaus aushängen. Darauf haben Mieter einen Anspruch. Doch dieser verjährt in drei Jahren. Allerdings beginnt die Verjährungsfrist erst ein Jahr nach dem Ende des Abrechnungs-Zeitraums zu laufen. Also zum Beispiel: Ihr Abrechnungs-Zeitraum ist das Jahr 2009:

Die Verjährungsfrist beginnt in diesem Fall am 31.12.2010 und endet am 31.12.2013.

Abrechnung immer prüfen

Haben Sie die Abrechnung fristgerecht erhalten, sollten Sie auf keinen Fall sofort und ungeprüft die geforderten Beträge zahlen. Eine Abrechnung, die nicht die gesetzlichen Bestimmungen erfüllt, ist unwirksam. Zahlen Sie dennoch, wird Ihnen das als Anerkennung ausgelegt. Verlangen Sie deshalb stattdessen von Ihrem Vermieter eine ordnungsgemäße Abrechnung.

Original-Rechnungen

Prüfen Sie die Betriebskosten-Abrechnung also sorgfältig. Sie haben als Mieter das Recht, die Original-Rechnungen einzusehen. Dafür haben Sie 30 Tage Zeit. Diese Einsicht muss Ihnen Ihr Vermieter am Ort der Mietwohnung gewähren. Es sei denn, Sie haben mit Ihrem Vermieter etwas anderes vereinbart. (*LG Hamburg WM 2000; LG Hanau, LG Hannover WM 85, 346*)

Mieter haben auch das Recht, Original-Belege einzusehen. Verweigert Ihnen dies Ihr Vermieter, müssen Sie nicht nachzahlen. (*OLG Düsseldorf DWW 2000, 122*)

Sie haben als Mieter in der Regel nicht das Recht, von Ihrem Vermieter zu verlangen, dass er Ihnen Fotokopien der Betriebskosten-Unterlagen zusendet. Mieter von Sozialwohnungen dürfen dies allerdings. Außerdem können Mieter dann eine Zusendung der Kopien verlangen, wenn Ihnen nicht zugemutet werden kann, die Originale in den Räumen des Vermieters einzusehen. Das gilt etwa bei einer Gehbehinderung des Mieters oder aber wenn Mieter und Vermieter sehr weit voneinander entfernt wohnen. (*LG Hamburg WM*

2000, 197; LG Frankfurt/Main 1999, 576) Die Kopie-Kosten muss dann selbstredend der Mieter übernehmen. Üblicherweise gelten 0,25 Euro pro Kopie als angemessen.

Heizkosten – immer nur bedingt verbrauchsabhängig

Ganz klar, der Verbrauch zählt – aber leider nicht nur. Das alles regelt die Heizkosten-Verordnung. Heizt eine Anlage zwei oder mehrere Mietwohnungen, muss nach der Heizkosten-Verordnung verbrauchsabhängig abgerechnet werden. Allerdings nach einem bestimmten Umlage-Maßstab, danach soll wie folgt abgerechnet werden:

Heizkosten-Verordnung

- verbrauchsabhängig mindestens 50 Prozent bis höchstens 70 Prozent der Gesamtkosten,
- verbrauchsunabhängig, nach Wohnfläche mindestens 30 Prozent bis höchstens 50 Prozent.

Mieter und Vermieter können zwar in Ausnahmefällen etwas anderes vereinbaren. Der Mieterbund hält aber eine andere Aufteilung, etwa zugunsten eines größeren verbrauchsabhängigen Anteils, für nicht sinnvoll. Denn dies benachteiligt unter anderem Mieter, deren Mietwohnung sehr viele Außenwände hat. Diese Mieter müssen mehr heizen, um Zimmertemperatur zu erreichen. Ihr Verbrauch ist deshalb höher.

Haben Sie allerdings eine große Terrasse oder einen großen Balkon, werden diese Flächen bei der Abrechnung anteilig berücksichtigt. Sie werden als Mieter dann benachteiligt und haben keine Chance, sich erfolgreich zu wehren. Denn der Bundesgerichtshof hat das als rechtens beurteilt. (*BGH WM 2000, 700*)

Umlagemaßstab

Ihr Vermieter darf zwar den Umlagemaßstab festlegen, diesen danach aber in der Regel nicht einseitig ändern. Hier gibt es allerdings Ausnahmen: Einseitig ändern darf der Vermieter

- in den ersten drei Jahren, nachdem der Umlagemaßstab festgelegt worden ist;
- wenn eine Vorerfassung eingeführt wird, etwa gewerblich genutzte und nicht gewerblich genutzte Mieträume bei der Abrechnung getrennt berücksichtigt werden;
- nach der Durchführung von Maßnahmen zur „nachhaltigen" Energie-Einsparung.

Umlagefähige Kosten

Ihr Vermieter darf folgende Kosten umlegen:

- Kosten der verbrauchten Brennstoffe sowie die Brennstoff-Lieferung,
- Kosten des Betriebsstromes,
- Kosten der Bedienung, Überwachung und Pflege der Heizanlage,
- Kosten der regelmäßigen Prüfung der Betriebsbereitschaft und Betriebssicherheit der Heizanlage (auch die Kosten einer dafür eingestellten Fachkraft),
- Kosten der Reinigung der Heizanlage, der Abgasanlage und des Betriebsraums,
- Kosten der Emissionsmessung,
- Kosten der Verbrauchserfassung.

Ihr Vermieter darf eine Firma beauftragen, die Ihren Verbrauch misst und erfasst. Dies geschieht einmal pro Jahr. Der Firma darf der Zugang zur Mietwohnung nicht verweigert werden. Die Firma muss sich aber mindestens zehn Tage vor dem Termin anmelden. Kann dieser Termin nicht wahrgenommen werden, muss binnen zwei Wochen ein erneuter Termin vereinbart und die Verbrauchserfassung durchgeführt werden.

Verbrauch messen

Vorsicht ist geboten bei der Verbrauchserfassung durch sogenannte Heizkostenverteiler mit Messröhrchen, die an Heizkörpern montiert werden. Diese Messröhrchen sind mit einer Flüssigkeit gefüllt, die eigentlich bei Wärme verdunstet. Doch die Röhrchen lassen die Verdunstung auch zu, wenn nicht geheizt wird. Die damit einhergehende Ungenauigkeit der Verbrauchsmessung müssen Mieter hinnehmen. Die sogenannte „Kaltverdunstung" lässt die Richter kalt, zumindest jene am Bundesgerichtshof. (*BGH VIII ZR 133/85*)

Vorsicht bei Heizkostenverteilern

Die Berliner MieterGemeinschaft e.V. bietet folgende Tipps, wie Sie die Messfehler so gering wie möglich halten können:

- Verhindern Sie im Sommer eine direkte Sonneneinstrahlung auf die Heizkostenverteiler.
- Legen Sie keine Wäsche auf die Heizkörper, wenn dies zu einem Wärmestau führt.
- Verzichten Sie auf Heizkörper-Verkleidungen.
- Stellen Sie keine Möbel dicht an Ihre Heizkörper.
- Stellen Sie keine Wärmequellen an Ihre Heizkörper.
- Heizen Sie gleichmäßig und nicht auf Höchsttemperatur.

IHR RECHT ALS MIETER

- Achten Sie auf die richtige Montage der Messröhrchen. Sie sollten mittig auf 75 Prozent der Heizkörperbauhöhe installiert sein.

Muster Heizkosten-Abrechnung

Wie eine Heizkosten-Abrechnung auszusehen hat, stellt die Berliner MieterGemeinschaft übersichtlich zusammen:

1. Vertragspartner
2. Abrechner
3. Abrechnungszeitraum
4. Brennstoffverbrauch und Brennstoffkosten
   - bei leitungsgebundener Versorgung (Erdgas) Menge und Kosten der abgenommenen Brennstoffe im Abrechnungszeitraum;
   - bei leitungsungebundener Versorgung (Öl, Koks) Endbestand und Preis der letzten Abrechnung, Lieferungen im Abrechnungszeitraum (Lieferdatum, Liefermenge, Preis), Endbestand und Preis.
5. Verbrauch und Kosten des Betriebsstroms
6. Weitere Betriebskosten
7. Vorwegabzug etwa für Trockenheizen oder für Gewerberäume mit hohem Wärmebedarf
8. Gesamtbetrag
9. Verteilungsmaßstab
10. Verbrauchsabhängige und verbrauchsunabhängige Kosten für das gesamte Gebäude und je Wohneinheit
11. Umlegemaßstab und Verteilerschlüssel
12. Geleistete Vorauszahlung
13. Abrechnungsergebnis

> **INFO**
>
> Bei Unklarheiten oder Zweifeln können Sie sich unter anderem von Experten der Berliner MieterGemeinschaft oder vom Deutschen Mieterbund beraten lassen. Beachten Sie allfällige Beratungskosten.
>
> Im Internet finden Sie die MieterGemeinschaft unter www.bmg.ipn.de, den Mieterbund unter www.dmb.de.

KAPITEL 3

Mieterhöhung – Was ist zulässig?

Alles wird teurer, gewiss. Auch Ihre Miete, leider. Doch im Unterschied zu den oft recht undurchsichtigen, nicht so ohne Weiteres nachvollziehbaren, drastischen Preissteigerungen, wie etwa bei Öl und Benzin, Gas und Strom, aber auch bei Lebensmitteln, gibt es für Mieterhöhungen klare und eindeutige Regeln und Maßstäbe.

Dabei handelt es sich mietrechtlich um so wichtige Begriffe wie

- ortsübliche Vergleichsmiete,
- Mietspiegel,
- Kappungsgrenze,
- Jahressperrfrist und
- Überlegungsfrist.

Mieterhöhung nur nach Gesetz

Ihr Vermieter kann also nicht einfach nach eigenem Gusto den Mietzins anheben. Er muss gesetzliche Bestimmungen beachten, die vorschreiben, wann, um wie viel und wie oft die Miete erhöht werden darf.

Aber Ihr Vermieter darf eine höhere Miete verlangen (ohne Betriebskosten und Modernisierungszuschläge), wenn

- die Erhöhung vertraglich (Mieterhöhungsvereinbarung) festgelegt ist wie bei Staffel- oder Indexmietverträgen;

- die Miete mindestens ein Jahr unverändert ist;
- die Erhöhung nicht größer ist als die ortsübliche Vergleichsmiete;
- die Miete in drei Jahren um nicht mehr als 20 Prozent steigt.

Vergleichsmiete – ortsüblich im Mietspiegel

Wenn Vermieter die Höhe der ortsüblichen Vergleichsmiete als einen wichtigen Grund für die Mieterhöhung anführen, dann sind sie der Meinung, der Mieter zahle für die Mietwohnung weniger als andere Mieter für vergleichbare Wohnungen vor Ort.

Was ist ortsüblich?

Wie aber wird dieser ortsübliche Mietpreis für vergleichbaren Wohnraum ermittelt? Die „aktuelle Marktmiete", wie sie etwa in Zeitungsinseraten zu finden ist, kann dabei allenfalls einen Anhaltspunkt bieten, Maßstab ist sie jedoch nicht. Als Maßstab nennt § 558 Abs. 2 BGB übliche Mieten, die vor Ort oder in einer vergleichbaren Kommune in den letzten vier Jahren gezahlt worden sind für eine Wohnung vergleichbarer

- Art,
- Größe,
- Ausstattung,
- Beschaffenheit und
- Lage.

Wichtig und entscheidend ist dabei nicht allein der ortsübliche Mietpreis pro Quadratmeter, sondern auch die Größe der Wohnfläche. Zur Wohnfläche zählt die Grundfläche von

- allen Wohnräumen sowie
- Wintergarten,
- Balkon,
- Loggia,
- Dachgarten und
- Terrasse.

Keine Wohnfläche

Nicht zur Wohnfläche gehört die Grundfläche von

- Kellerräumen,
- Bodenräumen,
- Abstellraum,
- Waschküche,
- Trockenraum,
- Heizungsraum und
- Garage.

Mietspiegel

Was also in den letzten vier Jahren in einer vergleichbaren Gemeinde im Durchschnitt für vergleichbaren Wohnraum gezahlt worden ist, bestimmt die Miethöhe. In vielen Kommunen gibt es dafür einen Mietspiegel. Mietspiegel sind zwar gesetzlich nicht vorgeschrieben, doch sind sie ein gewichtiges Instrument für die Begründung von Mieterhöhungen. Mietspiegel können nicht durch andere Miet-Übersichten oder Miet-Tabellen, etwa von Makler-Verbänden oder Finanzämtern, ersetzt werden.

Seit der Mietrechtsreform 2001 unterscheidet der Gesetzgeber zwei Arten von Mietspiegel. Demnach gibt es

- den qualifizierten Mietspiegel und
- den einfachen Mietspiegel.

Qualifizierte Mietspiegel werden nach wissenschaftlichen Kriterien erarbeitet. Sie müssen entweder von der Kommune oder von Interessenvertretern der Mieter und Vermieter anerkannt sein. Existiert ein qualifizierter Mietspiegel, muss ein Vermieter bei der Mieterhöhung in der Regel die darin enthaltenen Mietpreise für vergleichbaren Wohnraum immer angeben. Es genügt dann nicht, lediglich die Mieten von drei vergleichbaren Wohnungen heranzuziehen.

Qualifizierte Mietspiegel beinhalten die tatsächliche ortsübliche Miete – von dieser „Vermutung" geht jedenfalls die Rechtsprechung aus. *(LG München I WM 2002, 496)*

Einfache Mietspiegel können ohne wissenschaftliche Kriterien erstellt werden, etwa von der Kommune oder aber gemeinsam von Interessenvertretern der Mieter und Vermieter. Vermieter brauchen dann zur Begründung einer Mieterhöhung nur drei Vergleichswohnungen anzugeben.

Drei Vergleichsmieten

Mietspiegel sollen alle zwei Jahre auf den neuesten Stand gebracht werden. Geschieht dies nicht, bedeutet das, dass qualifizierte Mietspiegel zu einfachen herabgestuft werden. Und für einfache Mietspiegel gilt eben nicht die rechtlich bedeutsame „Vermutung", dass die ortsübliche Miete auch tatsächlich wiedergegeben ist. Sie haben als Mieter deshalb immer nur dann eine eindeutige Beweislage, wenn Sie sich auf einen qualifizierten Mietspiegel stützen können.

Wenn kein Mietspiegel in einer Gemeinde existiert oder es nur einen alten gibt, dann darf der Vermieter den Mietspiegel einer vergleichbaren Kommune, auch einer Nachbargemeinde, heranziehen. Kommen dafür mehrere Nachbargemeinden in Frage, muss der

Vergleichbarer Mietspiegel

Begründungspflicht Vermieter zusätzlich begründen, warum er eine bestimmte Kommune für den Mietenvergleich ausgewählt hat. *(LG Düsseldorf WM 2006, 100)*

Mietspiegel sind in der Regel für jedermann kostenlos bei der Gemeinde einzusehen und allgemein zugänglich. Wenn sie allerdings nicht allgemein zugänglich sind, muss der Vermieter seinem Mieterhöhungs-Schreiben einen solchen Mietspiegel beifügen. *(AG Wiesbaden WM 2007, 325)*

Die Ausstattung der Mietwohnung, für die der Mieter gezahlt hat, darf nicht in die Bewertung der Wohnung des Mietspiegels einfließen. Es darf aber sehr wohl ein Zuschlag auf den Mietspiegel gerechnet werden, wenn gemäß Mietvertrag Schönheitsreparaturen zulasten des Vermieters durchgeführt werden. Dies setzt allerdings voraus, dass der Mietspiegel nur solche Mietverträge zugrunde legt, wonach für Schönheitsreparaturen der Mieter zahlen muss. *(OLG Frankfurt WM 2001, 231; OLG Koblenz WM 85, 15)*

Unter- und Obergrenze erlaubt Es ist durchaus üblich, dass Mietspiegel nicht eine einzige, exakte Höhe der Miete angeben, sondern eine Unter- und Obergrenze. Bei einer solchen Mietzinsspanne darf der Vermieter die Obergrenze als Vergleichsmiete heranziehen und die Miete entsprechend erhöhen.

Mietdatenbank Übrigens, das Computer-Zeitalter modernisiert auch Mieterhöhungen. So können Vermieter seit 2001 auch mit Hilfe einer Mietdatenbank eine höhere Miete verlangen. Entweder muss die Kommune diese Mietdatenbank führen oder aber sie steht unter der gemeinsamen Regie von Mieterverein und Haus- und

Grundeigentümerverein. Solche Mietdatenbanken bilden aber noch die Ausnahme. Hannover leistete hier wahrhaft Pionierarbeit.

Ein Vermieter kann auch versuchen, die Mieterhöhung mit einem **Sachverständigen-Gutachten** zu begründen. Die Erfolgsaussichten sind in der Regel jedoch gering. Liegt ein qualifizierter Mietspiegel vor, muss zusätzlich begründet werden, warum ein Sachverständiger überhaupt herangezogen wird. Ferner sind die Anforderungen an die fachliche Qualifizierung des Sachverständigen hoch und der Nachweis für eine berechtigte Mieterhöhung schwierig und aufwändig. Und schließlich muss der Vermieter den Sachverständigen selbst zahlen, auch im Erfolgsfall.

Gutachten muss Vermieter zahlen

> **ACHTUNG!**
>
> Als Mieter haben Sie das Recht, die Mieterhöhung zu akzeptieren oder abzulehnen. Ihre Zustimmung ist sogar notwendig, damit die Mieterhöhung wirksam wird. Sie können die Mieterhöhung aber nur dann ablehnen, wenn Sie dafür triftige Gründe vorbringen können. Ist dies nicht der Fall, hat der Vermieter ein Recht auf Ihre Zustimmung. Für Ihre Entscheidung haben Sie zwei bis drei Monate Zeit, in der Sie die Mieterhöhung prüfen können.

Kappungsgrenze – einhalten, nicht überschreiten

Ein weiterer wichtiger Fixpunkt für die Mieterhöhung ist neben der ortsüblichen Vergleichsmiete die Kappungsgrenze. Der Vermieter muss sie einhalten. Mieterhöhungen dürfen diese Grenze nicht überschreiten.

Darf nicht überschritten werden

Für die Berechnung der Kappungsgrenze ist die Grundmiete ohne die monatliche Vorauszahlung für Betriebskosten heranzuziehen.

20% in drei Jahren

Kappungsgrenze heißt: Die Miete darf binnen drei Jahren um nicht mehr als 20 Prozent steigen.

Die Kappungsgrenze gilt auch dann, wenn die so erhöhte Miete noch unter der ortsüblichen Vergleichsmiete liegen sollte.

Gilt nicht für Modernisierungszuschlag

Die Kappungsgrenze gilt aber nicht für Modernisierungszuschläge und höhere Betriebskosten. Diese können zusätzlich auf die Miete umgelegt werden. Die Kappungsgrenze kann in diesem Fall also überschritten werden. Mieter können diese Mieterhöhungen nicht mit dem Hinweis ablehnen, die Kappungsgrenze werde durch den Modernisierungszuschlag überschritten.

Die Kappungsgrenze gilt auch dann nicht, wenn die Mieterhöhung im gegenseitigen Einvernehmen zwischen Vermieter und Mieter vereinbart wird.

Bei der Berechnung der Kappungsgrenze kommt es nicht darauf an, wann Sie von Ihrem Vermieter das Mieterhöhungs-Schreiben erhalten haben. Maßgebend für die Berechnung der Kappungsgrenze ist das Datum, zu dem die Mieterhöhung wirksam werden soll. Die Drei-Jahres-Frist zählt also erst von dem Tag an, ab dem die höhere Miete zu zahlen ist.

Sozialwohnungen

Die Kappungsgrenze gilt auch für ehemalige Sozialwohnungen, bei denen die Preisbindung wegfällt. Auch dann darf die Miete nicht gleich auf das vergleichbare ortsübliche Mietniveau angehoben werden, sondern eben nur im Rahmen der Kappungsgrenze um 20 Prozent innerhalb von drei Jahren steigen.

Ausgenommen vom Schutz der Kappungsgrenze sind allerdings Mieter einer früheren Sozialwohnung, die eine sogenannte Fehlbelegungsabgabe gezahlt haben. In diesen Fällen darf der Vermieter zwar die Miete auf die ortsübliche Vergleichsmiete anheben. Doch darf die Erhöhung der Miete nicht den Betrag der Fehlbelegungsabgabe übersteigen. Weil der Mieter ja nun nicht mehr in einer Sozialwohnung wohnt und deshalb auch die Fehlbelegungsabgabe nicht mehr zu zahlen braucht, kann ihm eine Mietsteigerung in Höhe der entfallenen Fehlbelegungsabgabe zugemutet werden. Der Vermieter ist berechtigt, vom Mieter einer ehemaligen Sozialwohnung Auskunft darüber zu verlangen, ob eine Fehlbelegungsabgabe gezahlt worden ist.

Ausnahme bei Fehlbelegungsabgabe

Jahressperrfrist – Mieterschutz auf Zeit

Auch wenn ortsübliche Vergleichsmieten steigen, darf ein Vermieter nicht umgehend die Miete erhöhen. In der Regel gilt für Mieterhöhungen dann eine Jahressperrfrist, wenn

- die Miete gerade erhöht worden ist oder
- das Mietverhältnis beginnt.

Erst nach Ablauf von zwölf Monaten darf der Vermieter die höhere Miete verlangen.

Der Mieterbund weist darauf hin, dass ein Mieter nach der Jahressperrfrist noch eine weitere Frist in Anspruch nehmen kann: die Zustimmungsfrist von bis zu drei Monaten.

Und noch etwas hebt der Mieterbund hervor: Der Vermieter muss die Jahressperrfrist unbedingt einhalten.

Erst nach deren Ablauf darf er dem Mieter die Mieterhöhung übermitteln. Erhält ein Mieter innerhalb der zwölf Monate ein Mieterhöhungs-Schreiben, ist die Mieterhöhung nicht wirksam. Der Vermieter muss das Erhöhungs-Schreiben noch einmal mit allen Begründungen schicken, wenn die Jahressperrfrist abgelaufen ist. (*BGH WM 93, 388*)

Wohnfläche – Wie zählt der Quadratmeter?

Wohnen ist schon schön – mit der richtigen Aufteilung und Größe der Räume. Im Mietvertrag ist auch alles aufgeführt und vereinbart – die gemietete Wohnfläche in Quadratmetern. Doch stimmt die Grundfläche überhaupt? Nachmessen kann sich lohnen. Es klingt ein bisschen kompliziert, aber das ist es nicht wirklich.

Grundfläche

Also, bei der Grundfläche ist das lichte Maß, etwa zwischen Bauteilen, ein ganz entscheidendes. Grundsätzlich eingeschlossen in die Grundfläche der Wohnung sind beispielsweise die Grundflächen von

- eingebautem Mobiliar,
- versetzbaren Raumteilern,
- Einbauteilen wie Öfen, Herd, Bade- oder Duschwannen.

Nicht eingeschlossen in die Grundfläche der Wohnung sind

- Pfeiler, Säulen, Schornsteine, Vormauerungen, die höher als 1,50 Meter sind und eine Fläche von mehr als 0,1 Quadratmeter haben;

- Treppen mit mehr als drei Steigungen einschließlich der Treppenabsätze;
- Türnischen;
- Fenster- sowie offene Wandnischen, die bis zum Fußboden reichen und höchstens 0,13 Meter tief sind.

Angerechnet wird die Grundfläche

- vollständig von Räumen und Raumteilern mit einer lichten Höhe von mindestens zwei Metern;
- zur Hälfte von Räumen und Raumteilern mit einer lichten Höhe von mindestens einem Meter und weniger als zwei Metern;
- nicht von Räumen und Raumteilern mit einer lichten Höhe von unter einem Meter;
- zur Hälfte von unbeheizbaren Wintergärten, Schwimmbädern und ähnlich nach allen Seiten geschlossenen Räumlichkeiten;
- zu einem Viertel, höchstens allerdings zur Hälfte in der Regel bei Balkonen, Loggien, Dachgärten, Terrassen.

Maßgebend sind die Angaben im Mietvertrag, also die darin vereinbarte Wohnfläche. Die Vereinbarung ist verbindlich. Bis zu zehn Prozent darf die tatsächliche Wohnfläche von der vereinbarten abweichen, ohne dass es nennenswerte Konsequenzen zur Folge hätte.

Mietvertrag maßgebend

Ist die Wohnfläche allerdings um mehr als zehn Prozent kleiner als vereinbart, muss der Mieter nur einer Mieterhöhung zustimmen, die der tatsächlichen Wohnfläche entspricht – und nicht der im Mietvertrag angegebenen Fläche.

Wichtig ist die Frage der Wohnfläche, die kleiner als angegeben ist, bei Vertragsbeginn:

- Unter zehn Prozent hat der Mieter dies schlicht hinzunehmen;
- bei mehr als zehn Prozent kann der Mieter die Miete entsprechend kürzen. Und dabei ist nicht von Bedeutung, ob die Miete dann unter der ortsüblichen Vergleichsmiete liegt. (*AG Winsen/Luhe WM 2006, 192*)

Zu viel gezahlte Miete kann vom Vermieter zurückgefordert werden, Mieter müssen dabei lediglich die Verjährungsfristen beachten.

Immer schriftlich

Grundsätzlich müssen Mieterhöhungen in Schriftform ausgesprochen werden. Sie müssen lesbar, die Person des Absenders angegeben sowie der Abschluss der Mieterhöhungserklärung erkennbar sein. Der Vermieter muss die Erhöhungserklärung nicht mehr eigenhändig unterschreiben. Mieterhöhungen können unter den aufgeführten Voraussetzungen auch ohne Vermieter-Unterschrift in Form eines Computer-Ausdrucks ausgesprochen werden. Stimmt der Mieter vorher zu, geht das auch per Fax oder E-Mail.

Der Mieterbund hat eine Checkliste zusammengestellt, worauf Sie bei einer Mieterhöhung achten sollten:

CHECKLISTE

- Prüfen Sie, ob eine Festmiete vereinbart ist.
- Prüfen Sie, ob der Absender richtig ist. Nur Ihr Vermieter oder seine Erben mit Erbschein oder im Grundbuch eingetragene Haus- oder Wohnungskäufer dürfen die Miete erhöhen.
- Wird die Miete durch einen Bevollmächtigten erhöht (Anwalt oder Hausverwaltung) muss bei der Mieterhöhung die Original-Vollmacht beigefügt sein, ansonsten kann die Erhöhung abgelehnt werden (höchstens zehn bis 14 Tage Zeit).
- Prüfen Sie, ob die Jahressperrfrist eingehalten ist.
- Prüfen Sie, ob die Mieterhöhung richtig begründet ist (Vergleichswohnungen, Mietspiegel, Sachverständigen-Gutachten, Mietdatenbank).
- Prüfen Sie, ob ein qualifizierter Mietspiegel vorliegt.
- Prüfen Sie etwa anhand des Mietspiegels, ob die Vergleichswohnungen tatsächlich vergleichbar sind.
- Prüfen Sie, ob die Wohnungsgröße richtig angegeben ist.
- Prüfen Sie, ob die Kappungsgrenze berücksichtigt ist (innerhalb von drei Jahren darf die Miete höchstens um 20 Prozent steigen).
- Prüfen Sie, ob die Kappungsgrenze richtig berechnet ist (ab dem Datum zurückrechnen, an dem die Mieterhöhung gelten soll).
- Nutzen Sie Ihre Überlegungsfrist zur Zustimmung einer Mieterhöhung (zwischen zwei bis drei Monaten).
- Prüfen Sie, ob Sie die Zustimmung zur Mieterhöhung verweigern können.

KAPITEL 4

Mietminderung – Was ist erlaubt?

Feuchte Wände, Lärm, die Heizung funktioniert nicht und die Fenster sind zu allem Überdruss noch undicht – der Fall liegt klar auf der Hand: Die Mietwohnung hat Mängel.

Aber wer hat sie verursacht, wer muss sie beseitigen und vor allem: Wer muss zahlen? Und überhaupt – muss in einem solchen Fall die vereinbarte Miete in gleicher Höhe weiter überwiesen werden oder hat der Mieter das Recht, den Mietzins so lange zu mindern, solange die Wohnung Mängel aufweist?

Grundsätzlich erscheint die Antwort einfach. Für Schäden und Mängel, die der Mieter verursacht hat, haftet er auch. Für solche, die der Mieter nicht verursacht hat, muss der Vermieter geradestehen.

Doch in der Praxis steckt auch hier der Teufel im Detail: Und so bieten Mängel sowie Mietminderungen oft Anlass für teilweise erbitterten Streit zwischen Mieter und Vermieter, der oft vor dem Richter endet.

Mängel – Wer haftet?

Ein Wohnungsmangel liegt vor, wenn ein Mieter seine Mietwohnung nicht mehr vertragsgemäß nutzen kann, die Mietsache nicht mehr zum „vertragsgemäßen Gebrauch" tauglich ist. Diese Gebrauchstauglichkeit kann sowohl durch bauliche Mängel beeinträchtigt werden wie auch durch andere Umstände, etwa durch Lärm. Der Mieterbund listet typische Wohnungsmängel auf:

- undichtes oder morsches Dach,
- Schäden oder Flecken infolge von Feuchtigkeit,
- Hellhörigkeit der Wohnung,
- nicht wirtschaftlich arbeitende Heizanlage,
- nicht ausreichend beheizte Wohnung,
- ungeheizte Wohnung.

Typische Mängel

Für Mängel, die nicht unmittelbar von der Mietsache selbst kommen, sondern von außerhalb, haftet in der Regel der Vermieter. Und zwar unabhängig davon, ob dieser Mangel vom Vermieter verursacht worden ist oder nicht.

Vermieter haftet

So hatten etwa Richter am Berliner Amtsgericht über eine recht ärgerliche Sauerei zu befinden, die Wildschweine im Garten einer Mietsache anrichteten. Für die schweinische Rasen-Randale musste der Vermieter blechen. Schadensbehebung war hier Vermieter-Sache, ungeachtet der Tatsache, dass der Vermieter für die Attacke des Borstenviehs ja nun wirklich nichts konnte, ihn also kein Verschulden traf. Bei einem Mangel von außen kommt es immer darauf an, dass er tatsächlich vorliegt. (*AG Berlin-Schöneberg GE 2000, 1691*)

Ausgesprochen mieterfreundlich geht die Rechtsprechung bei der Behebung solcher Mängel vor. Werden diese vom Vermieter nicht behoben, so haben Mieter auch dann das Recht, die Miete zu mindern, wenn

Mietminderung

Ausschluss-Klausel dies im Mietvertrag ausdrücklich mit einer Klausel ausgeschlossen wird. Die Ausschluss-Klausel ist hier unwirksam. (*LG Hamburg WM 2004, 601*)

Der Vermieter muss für Mängel an der Mietsache und deren Behebung aufkommen, wenn

- die Mietsache bauliche Mängel und Schäden aufweist;
- er die Mängel und Schäden selbst verursacht hat,
- Handwerker, die er beauftragt hat, Mängel und Schäden verursachen;
- in einem Mehrparteien-Haus andere Hausbewohner Mängel und Schäden verursachen;
- Dritte Mängel und Schäden verursachen;
- höhere Gewalt Mängel und Schäden verursacht.

Beweispflicht – vielleicht lästig, aber lohnend

Bedenken Sie: Streiten Mieter und Vermieter darüber, wer den Mangel und Schaden zu verantworten hat, muss der Vermieter beweisen, dass der Mieter der Verursacher ist.

Beweislast Die Beweislast des Vermieters umfasst nach Angaben des Mieterbundes Folgendes:

- Der Vermieter muss nachweisen, dass kein Baumangel vorliegt. (*OLG Düsseldorf WM 2002, 489*)
- Der Vermieter muss nachweisen, dass der Mangel nicht durch einen Dritten verursacht worden ist. (*BGH WM 2005, 57*)
- Der Vermieter muss nachweisen, dass der Mangel dem Verhalten des Mieters zuzurechnen ist. (*AG Lüdenscheid WM 2007*)

- Der Vermieter muss nachweisen, dass der Mangel keine erhebliche Beeinträchtigung des Mieters mit sich bringt.
- Der Vermieter muss nachweisen, dass gesetzliche Grenzwerte bei vermuteter Umweltbelastung eingehalten werden. (*BGH WM 2004, 217*)
- Der Vermieter muss nachweisen, dass der Mieter schon bei Abschluss des Mietvertrages von dem Mangel gewusst hat.
- Liegt jedoch das Verschulden eindeutig beim Mieter, gilt die umgekehrte Beweislast. Dann muss der Mieter beweisen, dass ihn kein Verschulden trifft. (*BGH WM 2005, 54*)

Übrigens müssen Sie als Mieter immer nachweisen, dass überhaupt ein Mangel vorliegt.

Mangel nachweisen

Minderung – geht schon ab Mängelanzeige

Diese Mängelanzeige kann in Notfällen mündlich erfolgen, sollte dem Vermieter ansonsten aber immer schriftlich zugehen. Eine mündliche Mängelanzeige sollte allerdings möglichst unter Zeugen vorgenommen werden. Dann kann der Mieter leichter nachweisen, dass er die Mängel auch tatsächlich umgehend angezeigt hat.

> **ACHTUNG!**
>
> Wichtig ist: Erstatten Sie sofort eine Mängelanzeige. Tritt während der Laufzeit des Mietvertrages ein Mangel auf, haben Sie als Mieter die Pflicht, dies umgehend Ihrem Vermieter anzuzeigen.

Zeigt ein Mieter Mängel nicht sofort an, hat er auf jeden Fall sein Recht verloren, die Miete zu mindern. Darüber hinaus kann der Vermieter auch noch Schadensersatz verlangen.

Um die Miete zu mindern, benötigen Sie als Mieter nicht die Zustimmung Ihres Vermieters. Wenn ein Mangel vorliegt, den Sie als Mieter nicht verschuldet haben, zeigen Sie Ihrem Vermieter diesen Mangel an. Sie können dann in der Regel von diesem Zeitpunkt an, die Miete entsprechend kürzen.

Rückwirkend mindern   Sie können grundsätzlich sogar die Mietzahlung rückwirkend mindern und den herabgesetzten Betrag mit der Mietforderung künftiger Monate verrechnen. Dies setzt allerdings voraus, dass die Mietforderung unbestritten ist und der Mieter den Mangel eben sofort angezeigt hat.

Aufrechnung   Mietverträge enthalten oft eine Klausel, wonach die Aufrechnung der Mietminderung mit künftigen Mietforderungen ausgeschlossen ist. Diese Klausel ist immer dann unwirksam, wenn es sich um unbestrittene Forderungen handelt.

Auch eine Klausel, die das Recht des Mieters beschränkt, Mietminderungen aufzurechnen, kann ein Mieter aushebeln. Es genügt in solchen Fällen, dass der Mieter seine Aufrechnungs-Absicht dem Vermieter vorab mitteilt, in der Regel einen Monat vor Beginn der Aufrechnung.

Haben Sie als Mieter von einem bestehenden Mangel nichts gewusst und deshalb die Miete ungemindert weitergezahlt, dürfen Sie die Miete rückwirkend für mehrere Monate kürzen. *(AG Rheinbach VuR 90, 212; AG Hof WM 98, 281; OLG Köln WM 99, 282)*

Unterschiedlich sieht die Rechtsprechung die Folgen, wenn der Vermieter die gekürzte Miete über einen längeren Zeitraum akzeptiert. Der Vermieter darf später den sich daraus ergebenden Mietrückstand nicht mehr verlangen, meinen Hamburger und Münchner Richter. In Berlin und Aachen wird das jedoch anders beurteilt. (*OLG Hamburg WM 99, 281; LG München I NZM 2002, 779; LG Berlin GE 2002, 1125; LG Aachen WM 92, 243*)

Grundsätzlich muss ein Vermieter Mängel, die ein Mieter angezeigt hat, beheben. Dafür hat er eine angemessene Frist, die sich danach richtet, wie schwer der aufgetretene Mangel ist. Dabei ist es vollkommen egal, wie lange der Mieter den Mangel schon kennt und ob der Mangel den Mieter erheblich beeinträchtigt oder nicht.

Angemessene Frist

Herstellen muss der Vermieter den mangelfreien Zustand der Mietwohnung immer. Beseitigt Ihr Vermieter den Mangel nicht oder verweigert er gar die Mängelbehebung, können Sie ihn verklagen. Sie können aber auch die Miete zurückhalten, wenn Sie Ihren Vermieter erfolglos zur Mängelbehebung aufgefordert haben. (*BGH WM 97, 488; NJW 82, 2242*)

Die Mängelbehebung muss fachmännisch erfolgen, Ihr Vermieter darf kein unqualifiziertes Personal mit den Arbeiten beauftragen. Geschieht dies doch, haben Sie das Recht, die Ausführung der Mängelbeseitigung abzulehnen. Mieter können dann berechtigt sein, die Mängelbehebung auf Kosten des Vermieters durchführen zu lassen und vom Vermieter einen Vorschuss zu erhalten. (*OLG Frankfurt WM 89, 284; KG Berlin WM 88, 142; AG Wetzlar WM 2005, 715; LG Hamburg WM 98, 690*)

Immer fachmännisch!

Opfergrenze Wenn Ihr Vermieter bei der Mängelbehebung auf die sogenannte Opfergrenze abhebt, geschieht dies keineswegs im Geiste christlicher Offenbarung. Der Vermieter will dadurch lediglich die Höhe der Kosten für die Mängelbeseitigung kappen und sich so der Pflicht zur ordnungsgemäßen Wiederherstellung der Mietsache entledigen.

In der Regel muss der Vermieter auch aufwändig instand setzen, wenn so die Substanz und der Wert der Immobilie erhalten wird. (*LG Osnabrück WM 92, 119*)

Der Mieterbund nennt Größenordnungen unterhalb der Opfergrenze:

- bis 13.000 Euro dürfen es bei der Behebung von Feuchtigkeitsschäden sein; (*LG Wuppertal WM 91, 178*)
- 25.000 Euro, wenn ein neuer Balkon errichtet werden muss. (*LG Hamburg WM 97, 432*)

Gebrauchs-Beeinträchtigung Bei Mietminderung wegen Mängel geht es immer um erhebliche Beeinträchtigungen des Gebrauchs der Mietsache.

Als Mieter können Sie unter bestimmten Voraussetzungen die Miete auch mindern, wenn

- Ihr Vermieter die Mietwohnung modernisiert (siehe S. 104 ff).
- die Wohnfläche kleiner ist als im Mietvertrag angegeben.
- Ihr Vermieter Eigenschaften der Mietwohnung zusichert, die aber nicht vorhanden sind. Als Beispiel führt der Mieterbund an: Ein Vermieter vereinbart im Mietvertrag, innerhalb einer bestimmten Zeit

alte einfach verglaste Fenster durch neue zu ersetzen. Unterlässt dies der Vermieter, kann der Mieter die Miete mindern.

Eine Minderung kommt allerdings nicht in Frage, wenn diese Beeinträchtigungen nur „unerheblich" sind. (*LG Frankfurt/Main WM 2000, 79*)

Der Mieterbund nennt hierzu Beispiele:

Mindern geht nicht

- Nicht mindern kann der Mieter, weil es künftig keinen Müllschlucker mehr gibt.
- Nicht mindern kann der Mieter, weil eine Glühbirne im Flur kaputt ist.
- Nicht mindern kann der Mieter bei geringfügigen Lärmbelästigungen durch andere Mieter im Haus. Dazu zählen in der Regel der Gebrauch von Wasserspülung und Wasserhähnen sowie das Öffnen und Schließen von Fenstern nach 22 Uhr.
- Nicht mindern kann der Mieter, weil Haarrisse in den Zimmerdecken einer Altbauwohnung auftauchen.
- Nicht mindern kann der Mieter, weil ein Wasserfleck im Bad oder ein Sprung in der Fensterscheibe zu sehen ist.

Schadensersatz – zusätzlich lohnend

Neben dem Recht auf Mietminderung können Sie als Mieter auch Schadensersatz geltend machen.

Recht auf Schadensersatz

Werden durch den Mangel (beispielsweise eindringende Feuchtigkeit) Einrichtungsgegenstände, Mobiliar, Teppiche, Tapeten etc. beschädigt, kann der Mieter Schadensersatz vom Vermieter verlangen.

Klauseln in Formular-Mietverträgen, wonach der Vermieter nur bei Vorsatz oder grober Fahrlässigkeit Schadensersatz leisten muss, sind unwirksam. *(BGH WM 2002, 141)*

Vermieter haftet

Bei drei Typen von „Mängeln" haftet der Vermieter und muss er Schadensersatz leisten:

- beim „anfänglichen Mangel", der schon von Anfang an, vor Abschluss des Mietvertrages, vorliegt;
- beim „nachträglichen Mangel", der im Laufe der Mietdauer auftritt und dem Vermieter zuzurechnen ist (Garantiehaftung);
- beim „nicht behobenen Mangel", der dem Vermieter nicht nur angezeigt, sondern dessen Beseitigung beim Vermieter vergeblich angemahnt wird.

Beseitigt der Vermieter den Mangel nicht, befindet er sich also mit der Behebung „in Verzug", dann ist der Mieter berechtigt, den Mangel selbst zu beheben. Dazu verpflichtet ist der Mieter in der Regel allerdings nicht. Es sei denn, er kann die Mängelbeseitigung mit geringem Aufwand ausführen (lassen).

Mitverschulden

Bleibt der Mieter in solchen Fällen untätig, kann ihm ein Mitverschulden an den Folgeschäden angelastet werden. *(OLG Düsseldorf WM 2003, 386)*

Kündigung – Nur der Mieter darf es

Mindern Sie die Miete, darf Ihnen Ihr Vermieter in der Regel nicht kündigen. Nur wenn der Mieter schuldhaft die Miete nicht zahlt und sich Mietrückstände in Höhe zweier Monatsmieten ansammeln, kann der

Vermieter kündigen. Eine Mietminderung, selbst eine nicht gerechtfertigte, stellt aber kein schuldhaftes Verhalten des Mieters dar.

Der Mieter darf hingegen schon kündigen, aber nur wenn es besonders krass kommt, die Mängel also besondere Risiken in sich bergen. Dies ist etwa bei einer schon eingetretenen Gesundheitsgefährdung des Mieters der Fall. Stellt der Mangel eine Gesundheitsgefährdung, selbst nur eine mögliche, dar, hat der Mieter sogar das Recht, fristlos zu kündigen. *(LG Lübeck ZMR 2002, 431)*

Gesundheitsgefährdung

Der Mieter muss allerdings beweisen, dass seine Gesundheit durch den Mangel gefährdet ist. *(LG Mannheim WM 88, 360)*

Die Kündigung muss der Mieter dem Vermieter schriftlich mitteilen. Er muss den konkreten Kündigungsgrund (Gefährdung der Gesundheit) anführen und genau erläutern, warum ein Weiterwohnen die Gesundheit gefährde und deshalb das Verlassen der Wohnung notwendig sei. Kann die Gesundheitsgefährdung umgehend beseitigt werden, ist der Mieter nicht berechtigt zu kündigen. *(LG Waldshut-Tiengen WM 89, 175; LG Kiel WM 92, 122)*

Als Mieter können Sie bei vorhandenen erheblichen Mängeln nicht sofort kündigen. Sie müssen Ihrem Vermieter schon eine Frist zur Beseitigung einräumen. Lässt der Vermieter diese Frist verstreichen und beseitigt er die Mängel nicht, hält zumindest das Oberlandesgericht in Hamm eine zweite Fristsetzung des Mieters für erforderlich. *(OLG Hamm NJW RR 1991, 1035)*

Beseitigungsfrist

Kommt der Vermieter seiner Pflicht zur Mängelbeseitigung trotz Mahnung nicht nach, dann kann der Mieter kündigen.

Keine Frist Die Fristsetzung ist nach einer Auflistung des Mieterbundes nicht notwendig, wenn etwa

- eine erfolgreiche Beseitigung des Mangels nicht zu erwarten ist *(KG Berlin NZM 2002, 69);*
- der Vermieter eine Mängelbeseitigung definitiv ablehnt *(BGH WM 2007, 570);*
- eine Mängelbeseitigung unmöglich ist (*LG Duisburg NZM 2002, 214).*

Hamburger Tabelle – gesichert Miete mindern

Der Bundesgerichtshof hat es eindeutig und unmissverständlich festgelegt – erst im Jahre 2005 hat er neu Recht gesprochen: Bei der Mietminderung ist die gesamte Miete zugrunde zu legen und nicht nur die sogenannte Kaltmiete. *(BGH WM 2005, 384, 573)*

Gesamtmiete zählt

Die Mietminderung berechnet sich also auf der Basis von

- Kaltmiete,
- Heizkosten und
- Nebenkosten.

Beachten Sie bei der Mietminderung, dass die Nebensowie die Betriebskosten in der Regel im Voraus oder als Pauschalbetrag gezahlt werden. Und das bedeutet, in die Minderung werden auch diese Zahlungen eingerechnet. Bei der jährlichen Nebenkostenabrechnung muss Ihr Vermieter allerdings die vereinbarten

Pauschal- oder Vorausbeträge berücksichtigen und darf nicht die geminderten Zahlungen anrechnen.

Der Vermieter muss also so abrechnen, als hätte der Mieter übers Jahr alle Voraus- und Pauschalzahlungen auch tatsächlich geleistet. Damit einem Mieter bei einer Mietminderung kein Nachteil entsteht, ist deshalb die korrekte Einbeziehung der Nebenkosten wichtig.

Um wie viel darf die Miete eigentlich gemindert werden?

Der Grundsatz scheint klar: Je größer der Mangel, desto höher der Betrag, um den die Miete gemindert werden kann. Das hilft jedoch bei der praktischen Umsetzung nicht wirklich weiter.

Seit sie die Richter am Landgericht Hamburg verwendet haben *(LG Hamburg WM 83, 290),* ist eine Tabelle gewissermaßen zur Bibel der Mietminderung geworden: die Hamburger Tabelle.

Wohnwert, Minderungsquote, Minderungswert bilden die Zauberformel, die es anzuwenden gilt. Demnach werden Wohnwert und Mietzins ins Verhältnis gesetzt und eine Minderungsquote ermittelt, die aussagt, wie der Wohnwert einzelner Wohnräume durch einen Mangel geschmälert wird und wie sich dies dann auf die gesamte Wohnung auswirkt.

Wohnwert, Minderungsquote, Minderungswert

Das Ergebnis ist der Minderwert für die gesamte Mietwohnung. Wie hoch der Minderwert ausfällt, hängt immer von der tatsächlichen Beeinträchtigung ab, die durch den Mangel hervorgerufen wird. Es reicht also nicht unbedingt, Eins und Eins zusammenzurechnen, Minderungsquote oder Minderwert einzelner Wohnräume schlicht zu addieren. Der Mieterbund veranschaulicht das an folgendem Beispiel:

> **BEISPIEL**
>
> In einer Wohnung fallen im Januar für zehn Tage die komplette Warmwasserversorgung sowie die Heizung im Wohnzimmer aus. Für die Wohnung werden 500 Euro Miete gezahlt.
>
> Die Mietminderung nach der Hamburger Tabelle ergibt sich dann wie folgt:
>
> | Raum | Wohnwert | Mietanteil | Minderungsquote € | Minderwert € |
> |---|---|---|---|---|
> | Wohnzimmer | 28% | 140,- | 100% | 140,- |
> | Arbeitszimmer | 20% | 100,- | - | - |
> | Schlafzimmer | 12% | 60,- | - | - |
> | Küche | 10% | 50,- | 50% | 25,- |
> | Bad | 10% | 50,- | 50% | 25,- |
> | Abstellräume | 7% | 35,- | - | - |
> | Gäste-WC | 3% | 15,- | - | - |
> | Balkon | 10% | 50,- | - | - |
> | | 100% | 500,- | = | 190,- (38%) |

Der Mieterbund hat die Rechtsprechung in Sachen Mietminderung durchforstet und eine alphabetische Übersicht zusammengestellt. Eine Auswahl wichtiger Urteile für Ihre Orientierung finden Sie hier:

Abwasser: 20 Prozent Mietminderung, wenn das gesamte Abwasser aus einer oben gelegenen Nachbarwohnung in die Toilette fließt. (*AG Münster WM 82, 170*)

Abwasserstau: 38 Prozent, wenn aus Toilette und Badewanne Abwasser austritt. *(AG Groß Gerau WM 80, 128)*

Asbest: 50 Prozent Mietminderung wegen Gesundheitsgefährdung durch asbesthaltige Elektro-Nachtspeicheröfen. *(LG Dortmund WM 96, 141)*

Badewanne: 24 Prozent Mietminderung, wenn die Nutzung der Badewanne durch die Hausordnung auf wenige Stunden in der Woche beschränkt wird. *(AG Helmstedt WM 89, 564)*

Bade-/Duschmöglichkeit: 33 Prozent Mietminderung, wenn die einzige vorhandene Bade-/Duschmöglichkeit nicht funktioniert. *(AG Köln WM 98, 690)*

Badewannenabfluss: Drei Prozent Mietminderung, wenn der Badewannenabfluss defekt ist. *(AG Schöneberg GE, 91, 527)*

Balkon: Drei Prozent Mietminderung, wenn der Balkon repariert werden muss. *(LG Berlin MM 86, 327)*

15 Prozent Mietminderung, wenn der Balkon deshalb nicht zu nutzen ist, weil sich dort streunende Katzen aufhalten, die dadurch angelockt werden, dass sie von Mitbewohnern gefüttert werden. *(AG Bonn WM 86, 212)*

Bauarbeiten: 60 Prozent Mietminderung, wenn im Haus umfassende Bauarbeiten (Ausbau Dachgeschoss) durchgeführt werden. *(AG Hamburg WM 9/91, VII)*

22 Prozent Mietminderung, wenn erhebliche Bauarbeiten über einen Zeitraum von sechs Monaten ausgeführt werden. *(LG Hannover WM 86, 311)*

Baulärm: Zehn bis 20 Prozent, wenn Baulärm durch den Bau einer ICE-Trasse verursacht wird. *(LG Wiesbaden WM 2000, 184; LG Köln WM 2001, 78)*

Bordell: 30 Prozent Mietminderung, wenn sich ein Bordell im Haus befindet. *(AG Charlottenburg MM 88, 367)*

Briefkästen: Ein Prozent, wenn der Briefkasten defekt ist und eingeworfene Post nass wird. *(AG Mainz WM 96, 701)*

Einrüstung: Fünf Prozent Mietminderung, wenn infolge der Fassaden-Einrüstung die Wohnung weniger Licht erhält und die Lüftung beeinträchtig ist. *(LG Berlin MM 94, 396)*

15 Prozent Mietminderung, wenn die Fassade eingerüstet ist und Plastikfolien an den Fenstern die Wohnung abdunkeln und kaum Lüftungsmöglichkeiten bestehen. *(AG Mainz 10 C 49/96)*

Fenster: Fünf Prozent Mietminderung im Sommer, zehn Prozent im Winter, wenn Fenster luftdurchlässig und schlecht schließbar sind. *(AG Münster WM 82, 254)*

20 Prozent Mietminderung, wenn Fenster undicht sind und infolge der eindringenden Feuchtigkeit die Küchenwand teilweise schwarz ist. *(LG Hannover ZMR 79, 47)*

Fernsehempfang: Zehn Prozent Mietminderung, wenn der Fernsehempfang erheblich gestört ist. *(AG Schöneberg GE 88, 361)*

Feuchtigkeit: Zehn Prozent Mietminderung, wenn der Keller feucht ist. *(AG Bad Bramstedt WM 90, 71)*

25 Prozent Mietminderung, wenn Feuchtigkeit vom Dach in Wohnräume eindringt, Teile der Decke und die Fensterfront durchfeuchtet sind. *(VG Berlin GE 84, 183)*

60 Prozent Mietminderung, wenn Feuchtigkeit in einer Erdgeschosswohnung durch den Boden dringt und erheblichen Schaden verursacht. *(AG Bad Vilbel WM 96, 701)*

Geruchsbelästigungen: Zehn Prozent Mietminderung, wenn es aus der Nachbarwohnung wegen nicht tiergerechter Tierhaltung stinkt. *(AG Bergisch Gladbach 23 C 280/90)*

33 Prozent Mietminderung, wenn es aus der Nachbarwohnung wegen Tierhaltung (Frettchen) erheblich stinkt. *(AG Köln WM 89, 23)*

Hausbeleuchtung: Ein Prozent Mietminderung, wenn die Hausbeleuchtung nicht funktioniert. *(AG Schöneberg GE 91, 527)*

Heizung: 13 Prozent Mietminderung bei einer Raumtemperatur von 17 bis 18 Grad; 15 Prozent Mietminderung bei einer Raumtemperatur von 15 Grad; 20 Prozent Mietminderung, bei einer Raumtemperatur im Kinder- und Schlafzimmer von 18 Grad. *(AG Berlin-Schöneberg MM 81, 51; AG Berlin-Schöneberg 2 C 454/85; AG Oldenburg 19 C 559/77 VII)*

Heizungsausfall: 50 Prozent Mietminderung, wenn die gesamte Heizung außerhalb der Wintermonate ausfällt. 100 Prozent Mietminderung, wenn die gesamte Heizung während der Wintermonate ausfällt. *(LG Hamburg WM 76, 10)*

Heizungsrauschen: Zehn Prozent Mietminderung, wenn die Heizung rauscht und knackt. *(AG Hamburg WM 87, 271)*

Lärmbelästigungen: 20 Prozent Mietminderung, wenn Nachbarn im Haus erheblichen Lärm verursachen. *(LG Chemnitz WM 94, 68)*

50 Prozent Mietminderung, wenn Nachbarn im Haus nachts erheblichen Lärm verursachen. *(AG Braunschweig WM 90, 147)*

20 Prozent Mietminderung, wenn ein benachbartes Billard-Café erheblichen Lärm verursacht. *(AG Köln 201 C 581/88)*

30 Prozent Mietminderung, wenn typischer Diskotheken-Lärm aus der Nachbarschaft stört. *(AG Köln WM 78, 173)*

Leitungswasser: Zehn Prozent Mietminderung, wenn das Leitungswasser Rost enthält. *(AG Köln WM 82, 226)*

15 Prozent Mietminderung, wenn das Leitungswasser als Trinkwasser erhöhten Eisen- und Mangangehalt aufweist und braun verfärbt ist. *(AG Bad Segeberg WM 98, 280)*

Schimmel: Zehn Prozent Mietminderung bei muffigem Geruch in Bad, Küche und Schlafzimmer (selbst wenn die Schäden durch den Mieter mitbeeinflusst sind). *(LG Hannover WM 82, 183)*

25 Prozent Mietminderung bei Schimmelbildung und Verfleckung in zwei Räumen. *(LG Lüdenscheid WM 2007, 16)*

80 Prozent Mietminderung bei Schimmelbefall, wenn der Aufenthalt in Küche, Wohn- und Schlafzimmer fast nicht mehr möglich ist. *(LG Berlin GE 91, 625)*

75 Prozent Mietminderung bei Schimmelpilzbefall in einer Neubauwohnung. *(LG Köln WM 2001, 604)*

Warmwasserversorgung: Zehn Prozent Mietminderung bei fehlender Warmwasserversorgung. *(LG Berlin WM 55, 134)*

7,5 Prozent Mietminderung, wenn die Wassertemperatur unter 40 Grad sinkt. *(AG Köln WM 96, 701)*

KAPITEL 5

Die Wohnung nutzen – Was ein Mieter beachten muss

My home is my castle – das können Mieter mit Fug und Recht auch von jenem gemieteten Domizil behaupten, das eben nicht ihr Eigentum ist. Das sie aber besitzen und auf Zeit nutzen dürfen, mit gewissen Rechten und Pflichten.

Heimarbeit möglich

Sie dürfen Ihre Mietwohnung sogar gewerblich nutzen, wenn Sie eine Schreibtischtätigkeit ausüben oder in Heimarbeit jobben. Dadurch dürfen aber Ihre Miet-Nachbarn nicht gestört und beeinträchtigt werden. Beschäftigen Sie auch Mitarbeiter, dann müssen Sie Ihren Vermieter schon fragen.

Doch generell gilt: Über Ihre Mietwohnung bestimmen Sie! Ohne Ihre Erlaubnis darf in der Regel niemand Ihre Wohnung betreten. Sie haben als Mieter Hausrecht. Und daran muss sich auch Ihr Vermieter halten.

Umbau nach Rücksprache

Mieter und Vermieter haben einen Mietvertrag geschlossen, der den Mieter berechtigt, die Mietwohnung zu nutzen, allerdings vertragsgemäß und nicht vertragswidrig. So dürfen Sie als Mieter zwar die Wohnung nach Rück- und Absprache mit Ihrem Vermieter umbauen. Sie dürfen sie aber nicht beschädigen oder gar zerstören. Und der „Ur-Zustand" Ihrer Wohnung muss wiederherstellbar sein. Die Möglichkeit des Rückbaus bei Auszug muss also sichergestellt sein.

DIE WOHNUNG NUTZEN

Sie haben als Mieter auch das Recht, Gemeinschaftsanlagen, etwa in einem Mehrfamilienhaus, innerhalb wie außerhalb des Hauses zu nutzen.

Gemeinschaftsanlagen

Die Nutzung im Rahmen des Mietverhältnisses erstreckt sich auf

- Treppenhaus,
- Flure,
- Gemeinschaftsräume, etwa Waschküchen, Trockenräume, Dachböden, sowie
- Außenanlagen wie Garten und Abstellplätze.

Das Nutzen von Gemeinschaftsanlagen umfasst dabei auch das gelegentliche Abstellen des Kinderwagens im Treppenhaus. Der Flur darf aber nur zum „Buggy-Parkplatz" umfunktioniert werden, wenn der Kinderwagen auch tatsächlich gebraucht wird. Einfach so tagelang rumstehen lassen, geht ebenso wenig wie das Parken in den Abendstunden und in der Nacht. Flur frei ist dann angesagt. (*OLG Hamm 15 W 444/00*)

Kinderwagen im Treppenhaus

Die Rechte und Pflichten des Mieters müssen im Mietvertrag benannt und enthalten sein. Das gilt auch für Bestimmungen, die in einer Hausordnung festgelegt sind.

Die Hausordnung gehört also zum Mietvertrag und muss daher Vertragsbestandteil sein. Einfach nur irgendwo aufgehängt, ist das Regelwerk ohne Belang.

Hausordnung

Die Hausordnung regelt fast alle Angelegenheiten des Gemeinschaftslebens – und zwar grundlegend. Deshalb können Formularvordrucke für Mietverträge auch häufig Passagen enthalten, die vielleicht für das konkrete Mietobjekt nicht in Frage kommen.

Die Hausordnung enthält ordnende Regelungen, die für alle Bewohner verbindlich sind. Sie muss also von jedem Mitbewohner eingehalten werden.

Die Hausordnung kann ein Vermieter auch nach Abschluss eines Mietvertrages aufstellen.

Die Hausordnung regelt unter anderem:

- Reinigungspflichten der Bewohner,
- Benutzung von Gemeinschaftsräumen und -anlagen,
- Einhaltung von Ordnung und Sauberkeit,
- Sicherheitsregeln für das Mietshaus,
- sachgemäße und sorgsame Behandlung von Mietwohnung und Gemeinschaftsanlagen,
- Verhaltensregeln für den Umgang miteinander, wie etwa Lärm vermeiden, Ruhezeiten einhalten usw.

Die Rechte und Pflichten des Mieters werden meist auf Basis der „Allgemeinen Geschäftsbedingungen" (AGB) festgeschrieben.

Schutz vor Klauseln

Diese AGB bieten Mietern einen gewissen Schutz vor Klauseln bei individuell ausgehandelten und vereinbarten Mietverträgen. Sind solche Klauseln nach den AGB unwirksam, gelten sie auch bei individuellen Mietverträgen als nicht vereinbart.

Der Mieterbund nennt als Beispiele dafür:

- Unwirksam ist in der Regel eine Vereinbarung, die verbietet, in der Wohnung eine Waschmaschine aufzustellen.
- Unwirksam kann eine Regelung sein, die untersagt, in der Mietwohnung Tiere zu halten.

Neben dem Mietvertrag und der Hausordnung wird das Mieterleben noch durch eine weitere allgemeinverbindliche Regel geordnet: die „Verkehrssitte", also das, was eben allgemein so „üblich" ist an Lebensstandard, Lebensgewohnheiten und Lebensstil.

Und Sie merken schon, die ganze Melange mieterlichen Gemeinschaftstreibens bietet reichlich Stoff für Zoff und Hader, der eben nicht selten vor dem Kadi landet.

Lärm – Haus(un)frieden in Dezibel

Wenn in Deutschland der Nachbar nervt, dann geht es in den meisten Fällen recht laut zu. Über fast nichts streiten sich Nachbarn lieber, unnachgiebiger und vielleicht auch erfolgloser als über ohrenbetäubende Lärmerei.

Lärm – das mag so manchen deutschen Paragraphen-Reiter erstaunen – ist nicht einfach per se schon eine Störung gemeinschaftlicher Lebenswelten. Wer sehr empfindlich ist, kann da nicht immer auf Ruhe pochen. „Ohren zuhalten" bleibt oftmals die einzige, wenn auch individuell bittere Devise. Denn (ein bisschen) gelärmt werden darf schon, wenn nur die Form gewahrt wird.

Verboten ist Lärm allerdings, wenn er

Verbotener Lärm

- nicht ortsüblich ist,
- vermeidbar ist,
- einen normal empfindenden Durchschnittsbürger stört.

Ordnungswidrig verhält sich der lärmende Miet-Nachbar allemal, wenn er gegen bestimmte Lärm-Vermeidungs-Bestimmungen verstößt. Lärm ist nämlich gesetzlich verboten. Ob Bürgerliches Gesetzbuch (§ 906), das Gesetz über Ordnungswidrigkeiten (§117 OWiG) oder Straßenverkehrsordnung (§ 30 StVO) – Lärm ist zu vermeiden, allerdings nur vermeidbarer.

Deshalb verordnet der Gesetzgeber eben hilfsweise allgemeine Zeiten der Ruhe. Es wird auch – nicht nur für Mieter als Nachbarn folgenreich – unterschieden zwischen Lärm von innen und Lärm von außen.

Kommunale Sittenwächter über Lärm sitzen meist in Ordnungsämtern, manchmal aber auch in Umweltbehörden.

Ruhearten und -zeiten

Folgende Ruhearten und Ruhezeiten gelten in der Regel als angeordnet:

- Nachtruhe von 22.00 bis 7.00 Uhr,
- Mittagsruhe von 13.00 bis 15.00 Uhr,
- Sonn- und Feiertagsruhe den ganzen Tag.

In Ihrer Hausordnung können auch andere Ruhezeiten vorgeschrieben werden.

Im Übrigen sollten Sie als Mieter immer an die Ruhezeiten denken, wenn Sie Haushaltsgeräte mit einem gewissen Geräuschpegel (etwa Staubsauger) zum Einsatz bringen.

Ruhezeiten gelten nicht für die alltäglich übliche Körperpflege, also etwa Duschen und Baden. Als Mieter dürfen Sie das quasi Rund-um-die-Uhr tun. Aber allen Dauer-Duschern haben Düsseldorfer Richter doch Zeitvorgaben gemacht. Bis zu 30 Minuten nach 22.00

DIE WOHNUNG NUTZEN

Uhr darf man – mehr ist nicht drin. *(OLG Düsseldorf 5 Ss 411/90)*

Beim Lärm von außen legt in der Regel die TA-Lärm, die technische Anleitung zum Schutz gegen Lärm, fest, ab wann der Geräuschpegel zum verbotenen Lärm ausartet. In Dezibel (dB) bestimmt die TA-Lärm Grenzwerte, die nicht überschritten werden dürfen.

Für Gewerbelärm legt etwa die TA-Lärm folgende Richtwerte (dB) fest:

	Tag	Nacht
Kurgebiete	45	35
Reine Wohngebiete	50	35
Allgemeine Wohngebiete	55	40
Mischgebiete	60	45
Gewerbegebiete	65	50
Industriegebiete	70	70

Diese Werte dürfen kurzzeitig am Tag um bis zu 30 dB überschritten werden, in der Nacht um bis zu 20 dB.

Nicht tagtäglich, aber eben ab und zu, dürfen seltene Ereignisse diese Grenzwerte überschreiten. Erlaubt ist das jährlich an bis zu zehn Tagen oder Nächten.

Verboten sind allerdings ruhestörende Arbeiten in den Nachtstunden. Und allen Pflanzenfreunden sollte klar sein, folgende gärtnerische Aktivitäten gehen nie an Sonn- und Feiertagen und werktags nur zwischen 7.00 und 20.00 Uhr:

- Rasenmähen,
- Rasentrimmen,

- Rasenkantenschneiden,
- Heckenscheren,
- Schreddern,
- Laubsaugen und
- Laubblasen.

Radio und Hausmusik – No Rock around the Clock

Immer wenn Sie als Mieter erheblich gestört, beeinträchtig oder belästigt werden, sind Sie im Recht. Doch ob Sie vor Gericht auch recht bekommen, ist in der Regel immer eine Einzelfall-Entscheidung. Zum „vertragsmäßigen" Nutzen der Mietsache sollte für Mieter immer wechselseitiges Verständnis und Rücksichtnahme gehören. Das vermeidet nicht nur unnötigen Ärger und Stress, sondern womöglich auch langwierige Gerichtsverfahren.

Piano statt forte, leise geht's auch – das mag zwar einfach klingen, sehr praxistauglich scheint es allerdings nicht. Zimmerlautstärke bitte, auch außerhalb von Ruhezeiten, verlangt etwa das Landgericht Berlin. *(LG Berlin DWW 88, 83)* Natürlich doch. Doch was heißt denn eigentlich Zimmerlautstärke bei TV und Stereoanlage? Und wie sieht es aus bei einer Fete oder bei der kulturell ach so wichtigen Hausmusik? Musik darf der Wohnungsnachbar nur geringfügig hören. Er muss am Tag einen Dezibel-Wert bis zu 40 dB hinnehmen, in der Nacht einen Wert bis zu 30 dB. *(LG Kleve DWW 92, 26)*

Zimmerlautstärke beachten

Eine fristlose Kündigung darf ein Vermieter zumindest androhen, wenn ein Mieter seinen TV-Apparat oft zu laut stellt und deshalb abgemahnt wird. *(BGH WM 2008, 217)*

Zimmerlautstärke funktioniert auch recht selten bei Musikinstrumenten, die ein Mieter mehr oder weniger virtuos beherrscht. Der Bundesgerichtshof hat entschieden, dass ein Mieter in seiner Mietwohnung grundsätzlich musizieren darf. Die Richter ordnen dies als durchaus „sozial übliches Verhalten" ein. Nicht dazu zählt allerdings das Beackern eines Schlagzeuges. In der Mietwohnung dürfen auch nicht ganze Musikgruppen üben. *(BGH WM 98, 738)*

_{Sozial übliches Verhalten}

Wer, wann, wie oft Musik machen darf, hängt unter anderem ab von:

- den Gepflogenheiten vor Ort,
- der Lage der Wohnung,
- der Beschaffenheit des Hauses (hellhörige Wände) und
- dem Musikinstrument selbst.

Zwei bis drei Stunden täglich sieht die Rechtsprechung schon als angemessen an.

Zwei bis drei Stunden

Der Mieterbund hat ein paar Urteile zusammengestellt, die Ihnen als Orientierung dienen können:

- Klavierspielen bis zu drei Stunden täglich *(BayObLG WM 96, 488; LG Frankfurt/Main WM 90, 287)*,
- Saxophon/Klarinette bis zu zwei Stunden täglich, sonntags eine Stunde *(OLG Karlsruhe NJW-RR 89, 1179)*,
- Schlagzeug zwischen einer dreiviertel Stunde und eineinhalb Stunden täglich, sonntags nie *(LG Nürnberg-Fürth, WM 92, 253)*.

Bei all dem maßt sich die Justiz allerdings kein Urteil über das musikalische Können an. Ob es sich hier nur um gnadenloses Geklimper, Gehämmere oder Geblase handelt, ist für Richter anscheinend nicht ausschlaggebend. Qualität hat hier keinen Preis. *(LG Düsseldorf 22 S 574/89)*

Kinder – Toleranz hat Vorrang

Der Hausfrieden wird immer dann gestört, wenn die Geräuschintensität des Nachbarn ein unzumutbares Ausmaß angenommen hat. Aber Achtung: Nicht jeden Lärm ahnden Richter unnachgiebig. So haben Kinder schon fast einen Freibrief zum lauten Spielen. Egal, ob in der Wohnung oder draußen: Toben, Schreien und Ballspielen gehören üblicherweise zur kindgerechten Entwicklung. Und die hat Vorrang, zwar nicht unbedingt im Treppenhaus oder im Lift, aber ansonsten schon.

Lautes Spielen

Grundsätzlich ist also Spielen erlaubt. In der Wohnung gehören dazu nicht nur Laufen, Rennen oder das gelegentliche Zuschlagen von Türen. Auch das nächtliche Schreien eines Kleinkindes muss hingenommen werden. *(LG Bad Kreuznach, WM 2003, 328; LG Lübeck WM 89, 627; AG Kassel, WM 91, 558)*

Auch während der Mittagsruhe ist das Lachen, Weinen und Schreien von Kleinkindern zumutbar. *(OLG Düsseldorf U 51/95)*

Mit dem Ball dürfen Kinder fast alles, selbst wenn er im Garten des Nachbarn ein Ziel findet – Kinder haben solche Freiräume. Ob im Garagen- oder Hinterhof – der Kinderlärm ist zumutbar, Störung hin oder

Kinderlärm zumutbar

her. Da mag es nur ein kleiner Trost für den lärmgeplagten Gartenbesitzer sein, dass die Kinder natürlich nicht ungefragt dem Ball in Nachbars Garten hinterherrennen dürfen. *(LG München 1 T 14 129/88; LG Berlin 61 S 288/1985; LG München 5O 5454/03)*

Kinderspielplätze

Kinder dürfen spielen. Auch in Grünanlagen und selbstverständlich auf Spielplätzen. Ruhezeiten dürfen da schon mal übersehen werden. Jedenfalls an lauen Sommerabenden. Braunschweiger Verwaltungsrichter sahen dies so und gaben dem Kinderspiel grünes Licht – auch nach 19.30 Uhr. *(VG Braunschweig 9 A 9014/91)*

Der Lärm, der von Kinderspielplätzen ausgeht, ist in der Regel zumutbar, auch wenn es nicht die Kinder aus der Nachbarschaft sind, die dem lauten Treiben frönen. *(OVG Bremen 1 BA 49/87)*

Kinderfreundlich?

Haben Sie eine Wohnung gemietet, die, von anderen Vorzügen mal abgesehen, Ihnen als „kinderfreundlich" angepriesen worden ist, dann haben Sie vielleicht einen ganz besonderen Kündigungsgrund. Nämlich dann, wenn sich Ihr Wohnungsnachbar noch am Umzugstag wegen Kinderlärm beschwert. Sie haben dann das Recht, den geschlossenen Mietvertrag anzufechten. *(LG Essen 15 S 56/04)*

Wenn ein Wohnungseigentümer seine Wohnung vermietet, dann hat der Mieter die gleichen Nutzungsrechte am gemeinschaftlichen Eigentum der Wohnanlage wie der Eigentümer selbst. Das Bayerische Oberste Landgericht entschied darüber hinaus, dass dies unabhängig davon gilt, ob das gemeinschaftliche Eigentum für eine Nutzung der Wohnung nötig ist.

So sind die Kinder des Mieters dazu berechtigt, auf dem Spielplatz der Wohnanlage zu spielen. Dies trifft aber dann nicht zu, wenn mehrere Kinder gegen Bezahlung in einer Wohnung betreut werden. *(BayObLG 2 Z BR 90/97)*

Haustiere – nichts gegen Bello

Haustiere dürfen Sie als Mieter halten. Zu den normalen Lebensgeräuschen gehören halt auch tiertypische Laute. Gegen das gelegentliche Bellen und Jaulen Ihres Hundes kann Ihr Wohnungsnachbar nichts einwenden. Kläfft Ihr Hund jedoch nahezu ununterbrochen vor sich hin, dann wird es für die Mitbewohner unzumutbar. Insbesondere des Nächtens. *(AG Potsdam WM 98, 316)* Auch ein Wachhund hat sich gefälligst daran zu halten. Seine Funktion rechtfertigt kein Dauergebell. *(OLG Düsseldorf WM 90, 400)*

Gelegentliches Bellen erlaubt

Vogelgezwitscher

Gefiederte Genossen, Papageien etwa, dürfen in artgerechter Lust und Laune den Wohlklang ihrer Stimme auch im Freien kundtun. Feste Laut-Zeiten auf der Terrasse haben dafür Nürnberger Richter festgelegt. Zwischen 9.00 und 12.00 Uhr sowie ein Nachmittagsstündchen zwischen 16.00 und 17.00 Uhr darf es der Papagei laut tun. *(AG Nürnberg 13 C 8525/95)*

Gegen Papageien-Lärm müssen erst dann Dämm-Maßnahmen ergriffen werden, wenn die Viecher in beträchtlicher Anzahl versammelt sind. So müssen Sie als Mieter das Gekrächze dann nicht mehr hinnehmen, wenn Ihr Nachbar die schrillen Kehlen von 50 Exemplaren ungedämmt lärmen lässt. Dann schlägt Justitia zu, und es bleiben nur die Alternativen Schalldämmen oder Umquartieren. (*OLG Karlsruhe 6 U 57/98*)

Die unberechtigte Haltung eines Tiers allein berechtigt den Vermieter nicht, die Mietwohnung zu kündigen. Aber wenn die Tierhaltung zu starken Beeinträchtigungen der anderen Bewohner in einem Miethaus führt, kann das sogar eine fristlose Kündigung zur Folge haben. Das entschied das Landgericht Berlin. Ein Vermieter hatte seinem Mieter im Mietvertrag untersagt, in der Mietwohnung Tiere zu halten. Der Mieter hielt aber dennoch Tiere, mehrere Katzen und einen Hund. Das Haus wurde zum Katzenklo – überall stank es nach Katzenurin. In dem Mehrparteien-Haus fühlten sich andere Mieter stark beeinträchtigt und minderten sogar die Miete. Der Vermieter kündigte daher dem Tierhalter fristlos. Zu Recht. Wenn als Folge der Tierhaltung eine starke Beeinträchtigung der Nachbarn entsteht, darf der Vermieter auch fristlos kündigen. (*LG Berlin 67 S 46/96*)

Kein Kündigungsgrund

Salomonisch lösten die Richter beim Amtsgericht Neu-Ulm die Frage, ob Tiere eine nicht hinzunehmende Beeinträchtigung für Nachbarn darstellen. Ein Grundstückseigentümer wollte nicht, dass die Katzen des Nachbarn auf sein Grundstück kommen. Die Richter sahen in dem Katzenbesuch zwar durchaus eine Beeinträchtigung und bejahten, dass der Grundstückseigentümer die Beseitigung der Beeinträchtigung verlangen könne. Allerdings habe er jedoch wegen des Gemeinschaftsverhältnisses zwischen Nachbarn zu dulden, dass *eine* einzelne Katze sehr wohl sein Grundstück betrete. Erst wenn sich auf seinem Grund mehrere Katzen vom Nachbarn tummel-

Beeinträchtigung für Nachbar?

ten, dürfe er verlangen, dies zu unterbinden. (*AG Neu-Ulm 2 C 947/97*)

Grillen und Feiern – Rücksicht nehmen geboten

Selbstverständlich schmeckt es Ihnen, wenn das marinierte Fleisch meisterhaft brutzelt, wenn die Duftschwaden der einfach dazugehörenden Grillschnecke aus Thüringer Rostbratwurst die Partystimmung genussvoll hebt und wenn das gekühlte Bier den Grill-Spaß krönt. Selbst Gourmets – statt aus Spare Ribs und fettem Schweinebauch besteht das Grillgut dann halt aus Edelfisch und Exoten-Gemüse – kommen mittlerweile auf den Geschmack, der für Massen in Deutschland in der Sommerzeit das Nonplusultra warmer Nahrungsaufnahme darstellt.

Verboten bei erheblicher Belästigung

Aber Qualm, Rauch und Gestank gehören oft ebenso dazu wie der erbitterte Ärger des Mieters von nebenan. Daher darf das Grillen grundsätzlich untersagt werden, wenn es für die Nachbarn zu einer erheblichen Belästigung führt, weil etwa die Grillschwaden in Wohn- und Schlafräume ziehen. In diesem Fall kann sogar Bußgeld verhängt werden. Jedenfalls vom Oberlandesgericht in Düsseldorf. (*OLG Düsseldorf 5s Owi 149/95 – Owi 79/95*)

Keine Holzkohle

Auf dem Balkon Ihrer Mietwohnung dürfen Sie in der Regel nicht mit Holzkohle grillen. Zum einen wegen der unzumutbaren Belästigung für Nachbarn. Andererseits spielt in Mehrfamilienhäusern der Brandschutz die ausschlaggebende Rolle für das Grillverbot auf dem Balkon. (*LG Düsseldorf WM 91, 52*)

DIE WOHNUNG NUTZEN

Bonner Amtsrichter sind da allerdings gnädiger. Grillzeit einmal im Monat. Das gilt für Bewohner eines Mehrfamilienhauses ohne Garten und Terrasse. 48 Stunden vor dem Grill-Happening müssen jedoch die Mitbewohner informiert werden. Und: Streng geahndet wird „exzessives" Grillen. Mieter können dann auch die Miete mindern, wenn der Vermieter nicht dafür Sorge trägt, dass es beim einmaligen Monats-Grillen bleibt. *(AG Bonn 6 C 545/96)*

Nachts nie und tagsüber höchstens viermal im Jahr – so die Grill-Regeln von Richtern in Oldenburg. Das Oberlandesgericht verhängte ein Grillverbot zwischen 22.00 Uhr und 7.00 Uhr und erlaubte lediglich spartanische Grillvergnügen. *(OLG Oldenburg 13 U 53/02)*

Nachts nie

Nicht gerade erfüllt von barocker bayerischer Lebensart beurteilt das Oberste Bayerische Landesgericht grillige Gaumenfreuden. Schlappe fünfmal im Jahr gestanden die Richter in einer Mehrparteien-Wohneinheit das Anfeuern der Holzkohle zu. Allerdings nur am Gartenrand, der Grill muss 25 Meter von den Wohnungen entfernt angeworfen werden. *(BayObLG WM 99, 534)*

Fünfmal pro Jahr

Überhaupt, Schwofen und Feten. Die berühmte Geburtstagsfeier darf steigen, na selbstverständlich. Sie müssen als Mieter nur darauf achten, dass die Ruhezeiten, in der Regel also die Zeiten der Nachtruhe, eingehalten werden.

> **TIPP**
>
> Deshalb ob drinnen oder draußen – ab 22.00 Uhr runter mit dem Geräuschpegel. Nehmen Sie auch Rücksicht auf ältere und kranke Miet-Nachbarn, die vielleicht mehr Ruhe brauchen.

Die 22-Uhr-Grenze ist jedoch nicht unüberwindbar. Bei besonderen Anlässen wie Hochzeiten, Karneval oder Fußball-WM muss der Nachbar hinnehmen, dass länger gefeiert wird, allerdings nicht bis in die Puppen. All night long geht jedenfalls auf keinen Fall. *(OLG Düsseldorf WM 96, 56; AG Bremen WM 57, 185)*

Rauch und Brotkrümel – Was sonst noch stört

Gewiss, es kann der ruhigste Mieter nicht in Frieden wohnen, wenn es dem Nachbarn nicht gefällt.

Qualm, Rauch, Gestank können nerven. Aber wenn Ihr Nachbar in seiner Mietwohnung nach Herzenslust pafft und qualmt, dass die Wände vom blauen Dunst vernebelt sind, haben Sie keine Chance, dagegen etwas zu unternehmen. Hinnehmen – nichts anderes bleibt Ihnen übrig. Selbst auf dem Balkon können Sie es nicht durchsetzen: Rauchverbot gibt's nicht.

Keine Chance gegen Zigaretten

So richtig Freude kommt auf, wenn Ihr Balkon oder Ihre Terrasse einfach mal so verschmutzt werden, vom Nachbarn oben drüber. Wenn immer mal wieder Tischdecken oder Staubtücher über Ihnen ausgeschüttelt werden oder von der üppigen Pflanzenpracht des oberen Stockwerks Laub oder Geäst herabfällt und aus den Pflanzentöpfen dreckiges Wasser Ihre Fliesen verunreinigt. Eigentlich sollte Ihr Nachbar ja darauf achten, dass kein Gießwasser Ihrer Mietwohnung etwas anhaben kann. Wie Sie das alles stört! Doch beeinträchtigt Sie das wirklich? Erheblich? Auch darüber streiten sich Mieter mitunter recht heftig. Und auch hier gibt es Allgemeinverbindliches, wobei allerdings immer der Einzelfall zählt.

Was der Mieterbund zusammengetragen hat, bietet Ihnen Orientierung und einen Überblick über das, was sonst noch stark die Nutzung Ihrer Mietwohnung beeinträchtigen kann:

Als Mieter können Sie von Ihrem Vermieter Abhilfe verlangen, wenn aus der gemeinschaftlichen Waschküche oder aber von einem Wäschetrockner aus einer benachbarten Wohnung Wasserdämpfe in Ihre Wohnung eindringen. *(LG Köln WM 90, 385)*

Wasserdämpfe

Ihren Balkon oder Ihre Terrasse darf Ihr Miet-Nachbar nicht mit Brotkrümeln, Haaren oder anderen Schmutzpartikeln verschmutzen, wenn er Bett- und Tischdecken, Kleidung usw. auf seinem Balkon ausschüttelt. *(AG Köln WM 85, 287)*

Pech haben Sie als Mieter, wenn gelegentlich Laub fällt, Zweige überhängen, Samen oder Pollen fliegen. Das alles stellt keine Beeinträchtigung im Sinne des Gesetzes dar. *(OLG Düsseldorf 9 U 10/95; LG Nürnberg-Fürth 13 S 10117/99)* Nur wenn es zu Ihnen herüberwuchert und Pflanzen „erheblich" über die Balkonbrüstung hängen, muss der Nachbar einschreiten und die Pflanzen zurückschneiden. *(LG Berlin MM 2003, 210)*

Laub, Samen und Pollen

Überhaupt, Ihr Recht auf dem Balkon: Als Mieter dürfen Sie ihn möblieren, natürlich nur mit üblichen Balkonstühlen, -tischen und -liegen. Sie dürfen Ihren Balkon bepflanzen und auch verkleiden, das Geländer mit Sichtschutz versehen. Sie dürfen Satelliten-Antennen aufstellen, wenn dies den Gesamteindruck des

Mietshauses nicht beeinträchtigt. Am besten nehmen Sie dabei auf die Wünsche Ihres Vermieters oder auch Ihrer Nachbarn Rücksicht, wenn es der einheitlichen Fassaden-Gestaltung dienlich ist.

Vorsicht ist jedoch geboten, wenn Ihr Heimwerker-Gen mit Ihnen durchgehen will. Die fassadenverändernde Montage etwa einer Markise oder einer Verkleidung dürfen in der Regel nur angebracht werden, wenn Ihr Vermieter zustimmt.

Schnee-Schieber & Co – winterliche Mieterpflicht

Grundsätzlich ist es einfach: Ihr Vermieter muss es tun. Schnee- und eisfrei, rundum die Mietwohnung, dafür hat der Vermieter Sorge zu tragen. Das ist seine Pflicht. Doch er kann diese Pflicht auch auf den oder die Mieter übertragen. Im Mietvertrag muss dann vereinbart sein, dass Schnee- und Eisräumung dem Mieter obliegt.

Winterdienst

Gibt es mit mehreren Mietern eine derartige Vereinbarung, hat der Vermieter oder der von ihm eingesetzte Verwalter dafür zu sorgen, dass der Winterdienst auch funktioniert. Meist wird das über einen entsprechenden Räumungs-Plan sichergestellt.

Schnee und Eis müssen auf Fußgängerwegen eine genügend große freie Schneise aufweisen, in der Regel zirka einen Meter breit sein. Treppen müssen vollständig von der weißen Pracht befreit sein.

Der Vermieter kann allerdings auch einen professionellen Winterdienst beauftragen. Dann dürfen diese Kosten auf die Mieter umgelegt werden.

Mit den Räum- und Streuarbeiten muss unmittelbar nach Ende des Schneefalls begonnen werden. Bei Glatteis ist sofort zu streuen. Wichtig hierbei ist die 20-Uhr-Marke. Fällt Schnee länger, über 20.00 Uhr hinaus, so ist die Winterpflicht werktags bis 8.30 Uhr zu erledigen, an Sonn- und Feiertagen bis 9.30 Uhr.

Kommen Sie Ihrer Streupflicht nicht nach und kommt es zu einem Unfall, rutscht etwa eine Person aus und verletzt sich, können gegen Sie Schadensersatzansprüche geltend gemacht werden. Dem Streupflichtigen muss allerdings nachgewiesen werden, dass er seiner Streupflicht nicht nachgekommen ist, und zwar schuldhaft. Wendet der Streupflichtige dagegen ein, Streuen sei sinnlos gewesen, dann muss er nachweisen, dass Umstände vorlagen, die das Räumen und Streuen zwecklos machten. (*BGH VI ZR 219/04, VI ZR 220/04*)

> **LITERATURTIPP**
>
> Wolfgang Jüngst und Matthias Nick: Wenn der Nachbar nervt. Rechte und Pflichten in der Nachbarschaft. Linde Verlag, 2007.

KAPITEL 6

Untermiete – Regelwerk statt Beziehungskiste

Für die meisten kommt es wohl so harmlos, bieder, so unaufgeregt und unscheinbar daher wie ein abtörnendes Bratkartoffel-Verhältnis. Und von der naiven Feuerzangenbowle-Idylle hat es sich längst verabschiedet. Millionen von Menschen lassen sich auf das vermeintlich spannungsarme Verhältnis ein. Nicht nur in kultigen Studenten-Milieus oder in Bohéme-dominierten Künstler-Szenen. Manchmal recht unkompliziert, ist es doch (fast immer) mehr als eine alltägliche Beziehungskiste: das Untermiet-Verhältnis.

Besuch zählt nicht

Besuch zählt da überhaupt nicht. Auch wenn er über einen längeren Zeitraum in der Mietwohnung bleibt und noch so ausgiebig in ihr lebt.

Wenn Sie aber Ihre Mietwohnung oder Teile davon dritten Personen zur Nutzung überlassen, und das gegen Geld, also Miete kassieren, dann liegt in der Regel ein Untermiet-Verhältnis vor.

Ausnahmen gibt es bei der Untermiete auch: Selbst wenn gewisse Mitbewohner einen Teil von der Miete übernehmen und ihren Obolus beisteuern, liegt dann kein Untermiet-Verhältnis vor, wenn ein gemeinsamer Haushalt geführt wird, also in der Regel bei

- Ehepaaren,
- Verlobten,

- Lebenspartnern und
- Wohngemeinschaften.

Ein Untermiet-Verhältnis liegt auch dann nicht vor, wenn Sie Dritten unentgeltlich Wohnraum überlassen.

Schönes Verhältnis – nicht immer erlaubt

Für die Untervermietung brauchen Sie in den meisten Fällen die Erlaubnis vom Vermieter, wobei der Vermieter in der Regel zustimmen muss. Wollen Sie die Wohnung allerdings komplett untervermieten, muss der Vermieter nicht zustimmen, er kann Ihnen die Untervermietung verweigern.

Vermieter muss zustimmen

Erlauben muss der Vermieter die Untervermietung, wenn

- der Ehepartner in der Wohnung mitwohnen soll, Sie brauchen Ihren Vermieter nicht einmal zu fragen.
- der Lebenspartner in der Wohnung mitwohnen soll, auch gleichgeschlechtliche Lebenspartner muss der Vermieter hinnehmen.
- Ihr nächster Angehöriger in der Wohnung mitwohnen soll.
- Sie ein „berechtigtes" Interesse daran haben, dass eine dritte Person in der Wohnung mitwohnen soll, etwa eine Pflegeperson, ausgenommen diese Person ist dem Vermieter unzumutbar.

Von einem berechtigten Interesse ist auszugehen, wenn Sie Ihrem Vermieter vernünftige Gründe für die Untervermietung nennen können. Dies können sowohl sehr persönliche wie auch wirtschaftliche Gründe sein. *(BGH WM 85,7)*

Untervermieten dürfen Sie Ihre Wohnung teilweise auch, wenn Sie etwa aus beruflichen Gründen für eine bestimmte Zeit nicht an Ihrem Wohnort wohnen. *(AG Hamburg 47 C 2278/90)*

Untervermieten Sie allerdings unerlaubt, kann Ihnen Ihr Vermieter kündigen. Erfolg wird er haben, wenn Sie keinen Anspruch auf seine Zustimmung zur Untervermietung hatten. Er kann auch fristlos kündigen, wenn er Sie zuvor vergeblich abgemahnt hat. *(OLG Hamburg RE WM 82, 41)*

Riskantes Verhältnis – Hauptmieter haftet

Hauptmieter trägt Risiko

Alle Risiken sowie die volle Verantwortung tragen Sie, im Prinzip jedenfalls, wenn Sie als Hauptmieter untervermieten. Ihr Vermieter kann und wird sich – zu Recht – immer an Sie halten, wenn Ihr Untermieter die vermietete Wohnung vertragswidrig nutzt. Verursacht der Untermieter Schäden an der Mietsache, zahlt er vielleicht die vereinbarten anteiligen Miet- und Nebenkosten nur unpünktlich, müssen Sie als Hauptmieter dennoch Ihrem Vermieter pünktlich den vollen, vertraglich fixierten Mietzins zahlen. Sie haben dann zwar berechtigte Ansprüche gegenüber Ihrem Untermieter, können auf korrekte Zahlung der Untermiete pochen, möglicherweise auch gegen Ihren Untermieter klagen – doch all das braucht Ihren Vermieter nicht zu kümmern.

Zahlungsverzug

Sie müssen bei Zahlungsverzug Ihres Untermieters notfalls in Vorlage gehen, die Differenz ausgleichen und Geld aus eigener Tasche vorstrecken. Richtig teuer zu stehen kann Sie das bei Schäden an der Mietwohnung kommen, die Ihr Untermieter schuldhaft angerichtet hat. Pfeift er auf seine Pflicht zur Schadensbehebung, müssen Sie nämlich ran.

Ihr Vermieter hat das Recht, von Ihnen als Hauptmieter nicht nur die Schadensbeseitigung zu verlangen. Auch die Kosten dafür kann er Ihnen aufbrummen, und Sie haben in der Regel keine Chance, sich dagegen erfolgreich zur Wehr zu setzen.

Und was die ordnungsgemäße Nutzung der Wohnung betrifft – auch hier stehen Sie als Hauptmieter dafür ein, dass alles schön „ordentlich" zugeht.

Zum beliebten Zankapfel gerät ganz leicht und ziemlich sicher die Hausordnung. Werden doch Verstöße gegen sie nur allzu oft gnadenlos mit urdeutschen Tugenden geahndet. Lärmt Ihr Untermieter etwa ungehörig und ohne Unterlass, sollten Sie das als Hauptmieter nicht auf die leichte Schulter nehmen.

Einhaltung der Hausordnung

Ihr Vermieter kann Sie dazu verdonnern, für die strikte Einhaltung miethäuslicher Ordnung zu sorgen. Wenn es ganz übel kommt, kann er Sie sogar abmahnen – mit sehr unangenehmen Folgen. Bleibt Ihr Untermieter nämlich uneinsichtig, dann sind ernste Konsequenzen unausweichlich – und zwar zuerst für Sie. Ihr Vermieter kann Ihnen dann die Wohnung kündigen. Das Mietrecht weiß er in diesem Fall auf seiner Seite.

Nur schwachen Trost mag Ihnen dann der Umstand spenden, dass die Kündigung auch Ihren Untermieter voll erwischt. Denn der genießt zwar gegenüber Ihnen als Hauptmieter Kündigungsschutz, nicht aber gegenüber Ihrem Vermieter. Im Klartext: Fliegen Sie aus der Mietwohnung, fliegt der Untermieter mit.

Hauptmieter kann kündigen

Pech hat Ihr Untermieter auch, wenn Ihnen als Hauptmieter in den Sinn kommt, das Mietverhältnis mit Ihrem Vermieter zu beenden. Kündigen Sie die Wohnung vertragsgemäß, dann muss sich auch Ihr Untermieter eine neue Bleibe suchen.

Wenn mit der Kündigung rechtlich alles seine Ordnung hat, verliert der Untermieter die Berechtigung, weiter in den untervermieteten Räumen zu wohnen. Er muss die Unterkunft spätestens zu dem Termin verlassen, an dem das Mietvertragsverhältnis des Hauptmieters endet.

Mietrechtlich ist hier der Untermieter schon ein bisschen vogelfrei.

Gesichertes Verhältnis – Untermietvertrag sinnvoll

Hieb- und stichfeste Vereinbarungen sind hilfreich, auch beim Untermieter. Wenn Sie untervermieten, sollten Sie deshalb einen Untermietvertrag abschließen.

Bei einem Untermietvertrag sollte Folgendes beachtet werden:

- Die Miete kann frei vereinbart werden, sollte sich aber an dem Quadratmeter-Preis der gesamten Mietwohnung ausrichten.
- Die Nebenkosten sollten aufgelistet und anteilig auf den untervermieteten Raum umgelegt werden.

- Beginn und Dauer der Untermiete sollten festgelegt sein.
- Bei möblierter Untervermietung kann die Grundmiete höher sein. Es gibt andere Möglichkeiten der Kündigung. Achten Sie deshalb besonders auf die Vereinbarungen. Vermerken Sie im Vertrag auch die Zahl und den Zustand des mitvermieteten Mobiliars.

Der Untermietvertrag zwischen Hauptmieter und Untermieter sollte weiters folgende Punkte umfassen:

- Name, Vorname und Anschrift des Hauptmieters.
- Name, Vorname und Anschrift des Untermieters.
- Bezeichnung und Lage der Wohnung sowie Anzahl der Zimmer, Küche, Bad, Flur, Abstellräume etc.
- Exakte Benennung der Räumlichkeiten, die untervermietet werden.
- Exakte Benennung der Räumlichkeiten, die der Untermieter mitnutzen darf.
- Exakte Benennung von Mietzins und anteiligen, aufgeschlüsselten Nebenkosten.
- Festlegung der monatlichen Zahlungen von Mietzins und anteiligen Nebenkosten.
- Festlegung der Kaution, die der Untermieter zu hinterlegen hat, sowie deren Rückzahlungsmodalität.
- Festlegungen über die Rückgabe der untervermieteten Räumlichkeiten nach Ende des Untermietvertrages.
- Vorlage der Erlaubnis des Vermieters, die Wohnung untervermieten zu dürfen.
- Kündigungsfristen.

Schutzloses Verhältnis – Kündigen geht fix

Der Untermieter genießt nicht gerade große Schutzrechte in Sachen Kündigung. Generell ist er immer von seinem Hauptmieter abhängig. Da gelten dann auch die mietrechtlichen Kündigungsfristen im Rahmen des Untermietvertrags-Verhältnisses.

Erhält allerdings der Hauptmieter eine wirksame Kündigung, endet eben mit dem Mietverhältnis des Hauptmieters auch gleichsam automatisch das Untermiet-Verhältnis, sind die vertraglichen Vereinbarungen auch noch so ausgeklügelt.

Bei einer Kündigung sollten nach Empfehlung des Mietervereins zu Hamburg folgende Punkte beachtet werden:

Unterschiedliche Fristen

- Für untervermieteten Wohnraum kann das gleiche Kündigungsrecht wie für Einliegerwohnungen gelten: Der Hauptmieter hat eine Kündigungsfrist von mindestens sechs Monaten.
- Bei möblierter Untervermietung kann der Hauptmieter in der Regel ohne Begründung kündigen, und zwar spätestens am 15. und zum Monatsende.
- Unerlaubtes Untervermieten ist ein wirksamer Kündigungsgrund.

Der Hauptmieter darf seinem Untermieter, mit dem er unter einem Dach wohnt, unter Einhaltung der gesetzlichen Fristen kündigen, wenn er ein „berechtigtes" Interesse nachweisen kann. Hier wird dann meistens „Eigenbedarf" angemeldet.

Der Hauptmieter, der mit dem Untermieter unter einem Dach wohnt, braucht allerdings keinen Kündigungsgrund zu nennen, wenn er die in der Regel übliche Kündigungsfrist von drei Monaten um weitere drei Monate verlängert.

Gegen eine solche Kündigung kann sich der Untermieter nur dann wehren, wenn er die „Härteklausel" ins Feld führt. Stellt die Kündigung des Hauptmieters für den Untermieter eine unzumutbare Härte dar (etwa wegen einer Krankheit), dann kann er weiter wohnen bleiben. Dies gilt allerdings nicht bei möblierter Untervermietung. Hier darf zum nächsten Ersten eines Monats gekündigt werden, wenn die Frist von zwei Wochen eingehalten wird.

Härteklausel für Untermieter

Der Untermieter kann bis zum dritten Werktag eines Kalendermonats zum Ablauf des übernächsten Kalendermonats kündigen. Kündigen kann der Untermieter aber auch vorzeitig unter Einhaltung der gesetzlichen Frist, also bis zum dritten Werktag eines Kalendermonats zum Ablauf des übernächsten Kalendermonats, wenn er einen Ersatz-Untermieter stellt, der bereit und in der Lage ist, in den Untermietvertrag einzusteigen, und der Hauptmieter keinen triftigen Grund gegen die Person des Ersatz-Untermieters vorbringen kann.

Fristen für Untermieter

> **ACHTUNG!**
>
> Es kommt nicht darauf an, dass Sie die Kündigung rechtzeitig abgesandt haben. Entscheidend für die Wirksamkeit der Kündigung ist immer, dass sie der Hauptmieter (oder der Untermieter) rechtzeitig erhalten hat.

Gemeinschaftliches Verhältnis – Untermieter ganz besonderer Art

Ob Studenten- oder Senioren-Wohngemeinschaft – wer wohnen so wagt, der muss nicht mit den Be- und Einschränkungen eines Untermiet-Verhältnisses zurechtkommen. Denn das einstmals vielleicht revolutionäre Wohnen in Gemeinschaft alternativ leben Wollender hat das Bürgerliche längst erobert, zumindest das Mietrecht des Bürgerlichen Gesetzbuchs. Zwar nicht unter dem alltagssprachlichen Kürzel „WG", wohl aber als voll ausgeschriebenes, zusammengesetztes Hauptwort. Das Mietrecht kennt (und, na klar, definiert) sie: die Wohngemeinschaft.

Wohngemeinschaft

Immer wenn sich, wohlgemerkt mehrere, Menschen Wohnraum zum Zwecke des gemeinschaftlichen Wohnens teilen, ohne Familienbande knüpfen zu wollen, können sie mietrechtlich als WG gerastert werden.

Wollen Sie in einer WG hausen, sollten Sie sich nicht auf die klassische Einteilung in „Hauptmieter" und „Untermieter" einlassen, sondern darauf achten, dass der Mietvertrag bereits festlegt, dass es sich hierbei um eine „Wohngemeinschaft" handelt.

Wohngemeinschafts-Vereinbarung

Liegt eine „Wohngemeinschafts-Vereinbarung" vor, hat dies für alle „Miet-Bewohner" den Vorteil, dass etwas ganz WG-Typisches vertraglich bereits geregelt ist: der nicht auszuschließende, mitunter auch recht häufige (Wohnungs-)Partner-Wechsel.

Klar, dass Vermieter lieber nur mit einem Hauptmieter als Vertragspartner zu tun haben, denn der haftet ja schließlich für alles. Also, auch wenn es laut Unterschrift unterm Mietvertrag nur einen Hauptmieter gibt, schützt die WG-Vereinbarung in der Regel davor, dass der im Streitfall womöglich im Stich Gelassene allein für alles geradezustehen hat.

Der Mieterverein München hat die wichtigsten Festlegungen zusammengestellt, die in eine Wohngemeinschafts-Vereinbarung gehören:

Wichtige Vertragspunkte

- Bezeichnung des gemieteten Wohnungsteils und der gemeinsam gemieteten Räume;
- Berechnung von anteiliger Miete und Kaution (etwa nach Zimmergröße);
- Bei Auszug von WG-Mitgliedern eindeutige Vereinbarungen über mögliche Nachzahlungen bei Betriebskosten-Abrechnungen;
- Vereinbarungen über die Durchführung und Bezahlung anstehender Renovierungsarbeiten und Schönheitsreparaturen;
- Vereinbarungen über die Beseitigung und Bezahlung von Schäden, die einzeln oder gemeinsam verursacht worden sind;
- Verpflichtung des Hauptmieters, den Mietvertrag nur mit Zustimmung der Untermieter zu kündigen.
- Festlegung von Kündigungsfristen für ausscheidende WG-Mitglieder;
- Vereinbarungen, wie über die Aufnahme neuer WG-Mitglieder entschieden wird;
- Aufstellung eines Reinigungsplanes;
- Vereinbarungen über die Nutzung von Gemeinschaftseinrichtungen und Gemeinschaftsgeräten;
- Vereinbarungen über eine eventuelle Ablöse.

KAPITEL 7

Modernisieren, Instandhalten, Instandsetzen – Was Mieter dulden müssen

Schön, gemütlich und alles picobello in Schuss – so haben Sie Ihre Wohnung gesehen, damals, als Sie den Mietvertrag mit Ihrem Vermieter abgeschlossen haben. Damit der Zustand Ihrer Mietwohnung auch so bleibt, müsste jetzt allerdings einiges repariert werden. Das kostet Geld. Und ob Sie als Mieter zur Kasse gebeten werden dürfen, hängt entscheidend davon ab, welche Arbeiten denn ausgeführt werden sollen bzw. müssen.

Wie immer kommt es darauf an, was in Ihrem Mietvertrag steht, wie die Klauseln über das „Modernisieren", „Instandhalten" und „Instandsetzen" formuliert sind.

Grundsätzlich gilt: Alle Arbeiten zur Instandhaltung oder Instandsetzung müssen Sie als Mieter dulden. Darunter fallen alle Maßnahmen, die den ordnungsgemäßen, im Mietvertrag bezeichneten Zustand der Mietwohnung erhalten und mögliche Schäden an diesem ordnungsgemäßen Wohnzustand verhindern.

Der Vermieter hat die dafür notwendigen Arbeiten durchführen zu lassen. Und der Vermieter muss die erforderlichen Maßnahmen auch zahlen.

Instandhaltungs-Arbeiten sind etwa das Anstreichen von Fassaden, Fenstern oder Türen, die eine dem

Mietvertrag entsprechende Bewohnbarkeit der Mietsache gewährleisten.

Als Instandsetzungs-Arbeiten gelten alle Maßnahmen, bei denen sowohl bauliche Mängel behoben wie auch Schäden an der Bausubstanz und an technischen Geräten sowie Anlagen beseitigt werden.

Die entstandenen Kosten darf der Vermieter nicht auf den Mieter abwälzen. Nach durchgeführter Instandhaltung bzw. -setzung darf die Miete also nicht erhöht werden.

> **ACHTUNG!**
>
> Beachten Sie: Bei **Bagatell-Reparaturen** können Sie als Mieter doch dazu verpflichtet werden, einen Teil der Kosten zu übernehmen. Zwar gilt auch hier grundsätzlich, dass der Vermieter zu zahlen hat, doch lässt die Rechtsprechung Ausnahmen zu.

Diese Ausnahmen müssen allerdings eindeutig im Mietvertrag geregelt sein. *(BGH WM 89, 324/91, 381/92/355)*

Demnach gilt nach den Angaben des Mieterbundes:

Bagatell-Schäden, deren Behebung bis zu rund 100 Euro kostet, sind vom Mieter zu übernehmen, wenn dies ausdrücklich im Mietvertrag vereinbart worden ist.

Der Vermieter darf von Ihnen allerdings nicht verlangen, dass Sie sich im Ausmaß der vereinbarten Kostengrenze für Bagatell-Schäden an teureren Reparaturen beteiligen.

Ausgenommen davon sind allerdings Reparaturen an Teilen installierter Gegenstände, Einrichtungen und Vorrichtungen, etwa für Strom, Gas, Wasser oder Tür- und Fensterverschlüsse, mit denen Sie als Mieter oft und unmittelbar in direkten Kontakt kommen. Die dort durch Ihren häufigen Gebrauch beschädigten Teile wie Schalter oder Griffe müssen Sie als Mieter zahlen.

Höchstbetrag

Für Reparaturen muss jedoch in Ihrem Mietvertrag ein Höchstbetrag vereinbart werden. In der Regel dürfen das höchstens 200 Euro sein oder bis zu zehn Prozent Ihrer Jahresmiete.

Ausnahme Schönheitsreparaturen

Eine weitere Ausnahme bilden sogenannte **Schönheitsreparaturen**. Diese müssen Sie als Mieter zwar zahlen, aber nur soweit sie angemessen sind. Und das heißt: Sie haben als Mieter wirklich nur jene Reparatur-Kosten zu übernehmen, die durch Ihre Wohn-Abnutzung in der gemieteten Wohnung tatsächlich entstanden sind.

Weil Vermieter auch bei Schönheitsreparaturen besonders gerne streiten, werden diese in einem eigenen Kapitel weiter unten (siehe S. 134 ff) ausführlicher erläutert.

Modernisieren – mehr als nur ein Anstrich

Modernisierungs-Arbeiten müssen Sie als Mieter nur dulden, wenn dadurch

- der Wohnwert verbessert wird und
- Energie oder
- Wasser eingespart werden kann.

Ihr Vermieter muss Ihnen eine geplante Modernisierung spätestens drei Monate vor Beginn der Arbeiten ankündigen.

Die Kosten von Modernisierungs-Maßnahmen können zum Teil auf Mieter umgelegt werden. Eine entsprechende Mieterhöhung ist dann zulässig.

Unter Modernisierungs-Maßnahmen, die auf die Miete umgelegt werden dürfen, zählt der Gesetzgeber allerdings auch bestimmte **bauliche Veränderungen** zur Verbesserung des Wohnwertes der Mietwohnung.

Diese Wohnwert-Verbesserung muss nicht unbedingt Ihr Vermieter wollen. Es können auch andere Gründe für die Baumaßnahmen vorliegen, die nichts mit dem Willen Ihres Vermieters zu tun haben. Also etwa gesetzliche Bestimmungen, Regelungen, Vorschriften oder Verordnungen.

Der Mieterbund führt hier beispielsweise die Umstellung von Stadt- auf Erdgas oder die Umrüstung alter Heizanlagen auf moderne energiesparende Heizungen an.

> **ACHTUNG!**
>
> Beachten Sie: Der Gesetzgeber hat für die Umrüstung alter Dreckschleudern auf energiesparende Heizanlagen eine Frist gesetzt. Das für Sie als Mieter wichtige Datum ist der 31. Dezember 2008. Die Kosten für eine Umrüstung darf Ihr Vermieter anteilig auf Sie als Mieter umlegen, wenn die Heizungs-Modernisierung bis zu diesem Zeitpunkt auch tatsächlich durchgeführt worden ist.

Haben Sie allerdings nach diesem Stichtag eine Wohnung mit einer Altheizung gemietet und erneuert Ihr

Vermieter erst 2009 die Heizungsanlage, dann dürfen diese Modernisierungskosten nicht auf Sie umgelegt und der Mietzins auch nicht wegen dieser Modernisierungsmaßnahme erhöht werden.

Elf Prozent – aber exakt belegt und erläutert

Nur wenn im Zuge der Modernisierung der Wohnwert verbessert worden ist, darf der Vermieter elf Prozent der tatsächlich entstandenen Modernisierungs-Kosten als Wertverbesserungszuschlag auf die Jahresmiete umlegen.

Wertverbesserungszuschlag

Zu den umlagefähigen Kosten zählen:

- Bau- und Baunebenkosten, wie etwa Kosten für Material und Handwerker,
- Kosten für handwerkliche Eigenleistungen des Vermieters in jener Höhe, die für einen Handwerksbetrieb angefallen wären. Hierbei werden Netto-Preise für die Handwerkerleistung zugrunde gelegt. Die Kosten müssen also ohne Umsatz- bzw. Mehrwertsteuer ausgewiesen und anteilig mit elf Prozent umgelegt werden.

Kosten belegen

Die Modernisierungs-Kosten, einschließlich aller Anlagen und Belege (Kopien sollten Sie unbedingt mit den Originalen vergleichen), muss Ihnen Ihr Vermieter schriftlich

- einzeln aufschlüsseln,
- für alle durchgeführten Maßnahmen exakt auflisten,
- für Ihre Wohnung darlegen und auch berechnen und
- die sich daraus errechnete Erhöhung der Miete pro Monat mitteilen.

Nach höchstrichterlicher Auffassung *(BGH WM 2006, 157)* muss daraus für Sie als Mieter deutlich erkennbar sein, dass es sich ausschließlich um Kosten im Rahmen einer Modernisierung handelt. Sehr oft kommt es nämlich vor, dass nach eingetretenen Schäden an der Mietsache (etwa Wasserschäden, Schimmel) Instandsetzungsarbeiten gemeinsam mit Modernisierungs-Maßnahmen in einem Arbeitsgang durchgeführt werden. Dabei kann es vorkommen, dass Ihr Vermieter die Kosten einfach mixt und Ihnen so schlicht höhere Kosten in Rechnung gestellt werden. Und gerade das ist eben nicht zulässig, weil Sie als Mieter in der Regel ja keine Kosten für Instandsetzungen tragen müssen.

Nur Modernisierungs-Kosten!

Auf die schriftliche Erläuterung der einzelnen Modernisierungs-Kosten sollten Sie also bestehen.

Der Bundesgerichtshof legt auf die Erläuterungspflicht sehr großen Wert und dehnt diese etwa bei der Fenster-Modernisierung durch wärmedämmendes Glas auch auf die alten Fenster aus: Ihr Vermieter muss Ihnen sogar den Zustand der zu ersetzenden alten Fenster so beschreiben, dass Sie die Energiespar-Vorteile der Isolierglasscheiben nachvollziehen können.

Bei Maßnahmen zur Energieeinsparung gilt generell: Will ein Vermieter diese Kosten umlegen, muss er diese so erläutern, dass der Mieter die Spareffekte auch nachvollziehen kann. Dies hat das Landgericht Berlin entschieden. *(LG Berlin GE 2003, 122)* Es ging dabei unter anderem um den Einbau einer neuen, sparsameren Toilettenspülung. Eine entsprechende Mieterhöhung ist nur dann statthaft, wenn die dadurch

Energieeinsparung und Spareffekt

zu erzielenden Einsparungen dargelegt werden können.

Verkauft Ihr Vermieter während der Modernisierungs-Maßnahmen seine Immobilie, so ist der Käufer und neue Eigentümer berechtigt, die Kosten der Modernisierungs-Maßnahmen auf den Mieter umzulegen. *(KG Berlin WM 2000, 482)*

Finanzierungskosten, Mietausfall – keine Belastung für Mieter

Ihr Vermieter darf allerdings keinerlei Finanzierungskosten zur Durchführung von Modernisierungs-Arbeiten auf Sie abwälzen.

Dazu zählen:

- die Zinsen für einen Modernisierungs-Kredit;
- alle Kosten im Zusammenhang mit der Aufnahme eines Modernisierungs-Krediltes wie etwa Disagio, Vermittlungsgebühren, Gebühren für Notar und Grundbucheintragungen.

Kein Ersatz für Mietausfall

Ferner kann der Vermieter nicht einen möglichen Mietausfall für die Zeit der durchzuführenden Arbeiten verlangen. Kann also ein Mieter während der Modernisierungs-Maßnahmen die Mietwohnung nicht bewohnen und zahlt er deshalb auch nicht die vereinbarte Miete, dann darf der Vermieter diese ausgefallenen Einnahmen nicht auf die Kosten der Modernisierung umlegen. *(OVG Berlin GE 83, 753)*

Der Vermieter kann nach Auffassung des Mieterbundes auch nicht folgende Kosten umlegen:

- mögliche Zahlungen an den Mieter, etwa im Rahmen von Schadensersatz, oder

- mögliche Zahlungen des Vermieters für Aufwendungen des Mieters im Rahmen der Modernisierungs-Maßnahmen (etwa Hotelkosten).

Der Mieterbund weist allerdings darauf hin, dass dies in der Rechtsprechung noch nicht abschließend geklärt ist. Deshalb empfiehlt er, dass Mieter ihre Aufwendungen im Rahmen von Modernisierungs-Maßnahmen möglichst gering halten sollen. So ersparen sie sich nicht nur Ärger, wenn ein örtliches Gericht „mieterunfreundlich" entscheidet, sondern auch unnötige Kosten, auf denen sie dann sitzen bleiben.

Höhere Miete – statt Wertverbesserungszuschlag zulässig

Ihr Vermieter kann aber auch alternativ zum Wertverbesserungszuschlag die Miete erhöhen, wenn er

- die sogenannte Vergleichsmiete verlangt, also eine Miete in Höhe des ortsüblichen Mietzinses für modernisierte Wohnungen;
- mit Ihnen eine Mieterhöhung in einem bestimmten Umfang nach durchgeführter Modernisierung vereinbart *(BGH WM 2005, 456).*

Für Mieterhöhungen im Rahmen einer Modernisierung gilt der Grundsatz: Ihr Vermieter darf keine „Wuchermieten" verlangen. Und das bedeutet in der Regel: Ihre Mieterhöhung darf maximal 20 Prozent über der ortsüblichen Vergleichsmiete liegen.

Keine Wuchermieten

Der Mieterbund macht allerdings auf eine Ausnahme aufmerksam: Ein Vermieter darf eine Mieterhöhung verlangen, die bis zu 50 Prozent über der ortsüblichen

Vergleichsmiete liegt, wenn dieser Betrag notwendig ist, um seine laufenden Kostenaufwendungen zu decken. Der Vermieter muss in diesem Fall unter Umständen nachweisen, dass die erhöhte Miete eben gerade die Kosten deckt. *(KG Berlin RE WM 98, 208, OLG Karlsruhe RE WM 83, 314)*

Mieterhöhung immer schriftlich

Zahlen müssen Sie die erhöhte Miete erst, wenn Ihnen die Mieterhöhung schriftlich mitgeteilt worden ist. Die Zahlung beginnt

- immer nach Abschluss der Modernisierungs-Arbeiten und
- erst vom dritten Monat an, nachdem Sie die schriftliche Mitteilung über die Mieterhöhung erhalten haben.

Unzumutbare Maßnahmen

Sie müssen nicht jede vom Vermieter gewünschte Modernisierungs-Maßnahme dulden. So können Sie Maßnahmen als unzumutbar ablehnen und zurückweisen, wenn diese

- lediglich eine Luxus-Modernisierung darstellen und zu einer „unverhältnismäßigen" Erhöhung der Miete führen würden; die berühmten „vergoldeten Wasserhähne" müssen Sie als Mieter also nicht mitzahlen *(KG Berlin WM 81, 198)*.
- den Wohnwert Ihrer Mietwohnung nur geringfügig verbessern würden.
- unwirtschaftlich wären; wenn also infolge dieser Maßnahmen zwar Energie eingespart würde, die Einsparung jedoch um ein Vielfaches niedriger ausfiele als die nach der Modernisierung verlangte höhere Miete *(LG Berlin WM 96)*.

Wenn Sie eine Modernisierungs-Maßnahme Ihres Vermieters zurückweisen, dürfen Sie die Durchführung von Modernisierungsarbeiten in Ihrer Mietwohnung nicht zulassen. Darauf macht der Mieterbund aufmerksam. Ist der Handwerker erst einmal in Ihrer Wohnung und beginnt er mit den Arbeiten, müssen Sie die fällige Umlage der Kosten auf Ihre Miete auch akzeptieren. *(OLG Stuttgart WM 91, 332, KG Berlin WM 88, 389; OLG Hamburg WM 81, 127)*

Weisen Sie die Modernisierung zurück, muss Ihr Vermieter eine Duldungsklage gegen Sie anstrengen. Auf keinen Fall darf er Ihnen fristlos kündigen oder einfach die Arbeiten ausführen lassen. **Duldungsklage**

Wichtig bei einer Duldungsklage ist die Beweispflicht Ihres Vermieters, dass die vorgesehenen Arbeiten auch tatsächlich eine Verbesserung des Wohnwertes darstellen oder Energie einsparen würden. **Beweispflicht**

Wartet Ihr Vermieter nicht ab, wie die Duldungsklage beschieden wird, und lässt er die Modernisierungs-Arbeiten einfach durchführen, können Sie als Mieter mit einer einstweiligen Verfügung dagegen angehen. *(LG Berlin GE 2001, 345)*

Härtefall und Schadensersatz – nicht alles hinnehmen

Als Mieter müssen Sie eine Modernisierung auch dann nicht dulden, wenn diese für Sie eine **Härte** darstellt.

Als Härte beurteilt der Gesetzgeber:

- mit Bauarbeiten einhergehende Belästigungen wie etwa Lärm und Schmutz;

- die baulichen Folgen der Modernisierung, etwa die Veränderung von Aufteilung und Zuschnitt der Wohnung;
- vorausgegangene Modernisierungs-Aufwendungen des Mieters, wobei es hier darauf ankommt, ob der Mieter seine durchgeführte Modernisierung schon „abgewohnt" hat oder nicht; so gelten etwa Modernisierungskosten in Höhe einer Jahresmiete nach einem Zeitraum von vier Jahren als „abgewohnt"; *(LG Berlin GE 2005, 58, GE 98, 616)*
- eine für den Mieter unzumutbare Mieterhöhung, die ihn aus der Wohnung „herausmodernisiert".

Fachgerecht und zügig

Ihr Vermieter muss die Modernisierung fachgerecht und zügig durchführen lassen. Sie haben das Recht auf Schadensersatz, wenn Ihr Eigentum im Rahmen der Arbeiten beschädigt wird.

Anspruch auf Ersatz

Sie haben auch Anspruch darauf, dass Ihnen Aufwendungen im Zusammenhang mit der Modernisierung ersetzt werden. Der Mieterbund nennt eine ganze Reihe von ersatzfähigen Aufwendungen, wie etwa:

- Kosten für die Entfernung und Entsorgung von mietereigenen Einrichtungsgegenständen, die nach der Modernisierung nicht mehr nötig sind (beispielsweise Nachtspeichergeräte nach Einbau einer Zentralheizung);
- Kosten für Tapezier- und Malerarbeiten nach durchgeführten Bauarbeiten, wobei auch die Eigenleistung des Mieters entlohnt werden muss; das Amtsgericht Hamburg hält zehn Euro die Stunde durchaus für angemessen; *(AG Hamburg WM 2007, 445)*
- andere Renovierungskosten;
- Umzugskosten;

- Hotelkosten, wenn das Bewohnen der Mietwohnung während der Modernisierung für Sie als Mieter unzumutbar ist. Hier liegt jedoch die Hürde recht hoch: Können Sie nur einen Raum während der Arbeiten nicht bewohnen, dürfen Sie nicht vorübergehend ins Hotel. Steht allerdings einem Vier-Personen-Haushalt während der Modernisierung nur ein Wohnraum zur Verfügung, ist dies unzumutbar und ein Umzug ins Hotels gerechtfertigt. *(AG Köln WM 81, 95)*

Mieter-Modernisierung – mehr als nur behindertengerecht

Sie können Ihre gemietete Wohnung auch selbst auf den neuesten Stand bringen und modernisieren. Mieter-Modernisierungen können auch noch aus anderen Gründen anstehen, etwa weil Ihr Domizil altersgerecht oder behindertengerecht aus- und umgebaut werden muss.

Grundsätzlich gilt: Ihr Vermieter muss zustimmen. Er kann die Zustimmung nur aus „triftigem" Grund verweigern.

Vermieter muss zustimmen

Wollen Sie nur erneuern, muss Ihr Vermieter zustimmen, wenn die Modernisierung zum üblichen vertragsgemäßen Gebrauch der Mietsache gehört. *(LG Essen WM 87, 257)*

Beabsichtigen Sie einen alters- oder behindertengerechten Umbau, muss Ihr Vermieter in der Regel ebenfalls zustimmen. Er kann jedoch den Rückbau etwa einer eingebauten ebenerdigen Dusche in den alten Zustand bei Beendigung des Mietverhältnisses zur Bedingung machen.

Behindertengerechter Umbau

Als Mieter können Sie von Ihrem Vermieter die Zustimmung zu baulichen Veränderungen oder sonstigen Einrichtungen verlangen, die für eine behindertengerechte Nutzung der Mietsache oder den Zugang zu ihr erforderlich sind. Sie müssen allerdings ein berechtigtes Interesse daran haben (§ 554a BGB – Barrierefreiheit).

Ihr Vermieter kann seine Zustimmung nur verweigern, wenn sein Interesse an der unveränderten Erhaltung der Mietsache oder des Gebäudes berechtigt ist und sein Interesse das Interesse des Mieters an einer behindertengerechten Nutzung der Mietsache überwiegt. Dabei sind dann auch die berechtigten Interessen anderer Mieter in dem Gebäude zu berücksichtigen.

Rückbau und „zweite Mietkaution" – nichts ist unmöglich

Der Vermieter kann seine Zustimmung zum Umbau von der Leistung einer angemessenen zusätzlichen Sicherheit für die Wiederherstellung des ursprünglichen Zustandes abhängig machen. Der Vermieter kann seine Zustimmung außerdem davon abhängig machen, dass der Mieter eine Haftpflichtversicherung abschließt.

Sicherheitsleistung

Angemessen bedeutet hier: Die Sicherheit soll so hoch sein, dass der Vermieter einen möglichen Rückbau bei Beendigung des Mietverhältnisses damit finanzieren kann.

Ob der Mieter beim Auszug einen finanziellen Ausgleich für seine Modernisierungen fordern kann, hängt entscheidend davon ab, ob es entsprechende vertragliche Vereinbarungen zwischen ihm und dem Vermieter gibt. Allein aus der Zustimmung des Vermieters zu den Investitionen folgt nicht, dass der Mieter bei Vertragsende eine Entschädigung für seine Arbeiten bekommt. Allenfalls kann er davon ausgehen, dass er nicht zur Wiederherstellung des ursprünglichen Zustandes verpflichtet werden kann. Zumindest dann, wenn der Vermieter während der Mietzeit aufwändigen Mieterinvestitionen ohne Vorbehalt zugestimmt hat oder wenn die Wohnung durch die Mieterarbeiten erst in einen vertragsgemäßen Zustand versetzt wurde.

Vereinbarung erforderlich

Verlassen Sie sich nur auf gesetzliche Regelungen, haben Sie also keine Vereinbarungen oder Absprachen mit dem Vermieter getroffen, so gibt es nach Auffassung des Mieterbundes drei Möglichkeiten:

Gesetzliche Regelungen

- Der Mieter kann seine Investitionen – Einbauten oder Einrichtungen – beim Auszug entfernen und mitnehmen. Der Vermieter kann das durch Zahlung einer angemessenen Entschädigung verhindern.
- Der Vermieter akzeptiert, dass der Mieter alles mitnimmt. Der Mieter muss aber dann den „alten Zustand" der Wohnung wiederherstellen.
- Der Vermieter fordert den Mieter ausdrücklich auf, seine Einbauten und Einrichtungen mitzunehmen, und verlangt, dass die Wohnung im ursprünglichen Zustand zurückgegeben wird.

Das Mitnahmerecht hilft Ihnen als Mieter nicht wirklich. Da Ihr Vermieter das Recht hat, den Rückbau zu fordern, sitzt er am längeren Hebel. Häufig sind die Einrichtungen und Einbauten in der neuen Wohnung für den Mieter nicht zu gebrauchen.

Mitnahmerecht

Fast immer ist die Mitnahme dieser Gegenstände wirtschaftlich unsinnig. Bezahlen muss der Mieter die Kosten des Ausbaus, und er muss den früheren Zustand der Wohnung wiederherstellen. Bei Fußböden ist dies praktisch unmöglich, das heißt, es muss ein neuer Bodenbelag verlegt werden. Sind die alten Badezimmer-Armaturen nicht mehr vorhanden, müssen neue gekauft werden.

Modernisierungs-Vereinbarung – fast immer sinnvoll

Vermieter müssen im Regelfall keine Erstattung für die in der Wohnung bleibenden Mieterinvestitionen anbieten. Oft können Mieter froh sein, wenn der Vermieter nicht die Rückgabe der Wohnung im ursprünglichen Zustand fordert und er ihnen „erlaubt", die Investitionen in der Wohnung zurückzulassen. Von Entschädigung ist dann keine Rede.

> **TIPP**
>
> Treffen Sie vor Beginn Ihrer Modernisierungen feste Absprachen und Vereinbarungen mit Ihrem Vermieter. Schließen Sie eine Modernisierungs-Vereinbarung.

Bei geplanten Modernisierungsmaßnahmen und der Modernisierungs-Vereinbarung sollten Sie sich an folgende Empfehlungen des Mieterbundes orientieren:

- Ehe Sie in die Wohnung investieren und modernisieren, immer erst den Vermieter um Erlaubnis fragen. Die Zustimmung sollte schriftlich erfolgen.

- Mit den Modernisierungsarbeiten erst beginnen, wenn der Vertrag unter Dach und Fach ist.
- Art und Umfang der durchzuführenden Arbeiten genau festlegen.
- Wert eventueller Eigenarbeiten von vornherein festlegen.
- Prüfen, ob man bei möglichen Schäden durch die Privathaftpflichtversicherung ausreichend geschützt ist.
- Klären, inwieweit Investitionen steuermindernd geltend gemacht werden können.
- Abklären, ob es öffentliche Zuschüsse – von Bund, Land oder Kommune – bzw. preiswerte Darlehen (z. B. KfW) für die Modernisierungs-Maßnahme gibt.
- Beachten Sie, dass bei der Mieter-Modernisierung nach der vorgeschlagenen Modernisierungs-Vereinbarung die Einbauten von Anfang an Eigentum des Vermieters sind. Der Mieter darf also ohne Zustimmung des Vermieters später nichts verändern, ausbauen oder mitnehmen.
- Aufwendungen des Mieters in Höhe einer Jahres-Kaltmiete gelten in vier Jahren als „abgewohnt".
- Während dieser „Abwohndauer" darf dem vertragstreuen Mieter nicht gekündigt werden.

KAPITEL 8

Umbauen, Einbauen, Anbauen – Was darf ein Mieter verändern?

Schöner Wohnen – wer mag Ihnen das schon verwehren? Natürlich wollen Sie beim Verschönern auch selbst Hand anlegen, Ihr gemietetes Vier-Wände-Idyll eben nach Ihren Wünschen, Ideen und, ja, auch nach Ihrem handwerklichen Können gestalten.

Sie dürfen es tun als Mieter. Auch wenn Sie Ihr Zuhause in einer Anlage gemietet haben, in der die Eigentümer selbst wohnen.

Aber eine Mietwohnung ist eben kein Eigenheim und deshalb für Heimwerker vielleicht nicht unbedingt das Paradies. Beim Heim-Werk ist eben nicht alles in OBI und Ihr Vermieter ist weiß Gott nicht der Liebe Gott. Er darf Sie zwar bestimmt nicht aus der Wohnung vertreiben. Doch Ihr Vermieter hat halt schon ein entscheidendes Wort mitzureden, wenn in und an seinem Eigentum gehämmert, gesägt, geschraubt, gefliest, getischlert, verklebt oder verputzt wird.

Ob „Do-it-Yourself" oder „Fachbetrieb" – grundsätzlich müssen Sie sich als Mieter folgende Fragen stellen:

- Was dürfen Sie ohne Zustimmung Ihres Vermieters umbauen, einbauen, anbauen?

- Was darf nur mit Zustimmung Ihres Vermieters verändert werden?
- Was passiert mit den Wohnungs-Veränderungen, wenn Sie ausziehen?
- Wann können Sie bei Auszug eine Entschädigung für die von Ihnen durchgeführten Veränderungen verlangen?

Wichtig ist immer die Frage: Handelt es sich um Maßnahmen zur Instandhaltung? (Hierzu zählen selbstverständlich auch Arbeiten im Rahmen von Schönheitsreparaturen.) Oder wollen Sie Ihre Wohnung baulich vielleicht sogar rund-um-erneuern?

Instandhalten oder erneuern?

Baumaßnahmen, die Ihre Mietwohnung in Beschaffenheit und Substanz wesentlich verändern, dürfen Sie in der Regel nie ohne die Genehmigung Ihres Vermieters durchführen.

Gemeinschaftsordnung und Hausordnung – nicht nur Mieter-Latein

Ist Ihr Vermieter Eigentümer einer Wohnung, die sich in einer Anlage mit mehreren Eigentumswohnungen befindet, dann haben Sie als Mieter die gleichen Wohnrechte wie ein Eigentümer.

Sie müssen dann aber auch die Vorschriften und Bestimmungen beachten, die regeln, wie Wohnungseigentümer miteinander in ihrem Eigentum leben sollen. Diese Regeln stehen in der **Gemeinschaftsordnung**, die dann auch für Sie gilt.

Gemeinschaftsordnung

In der Gemeinschaftsordnung werden unter anderem festgelegt:

IHR RECHT ALS MIETER

- die Sondernutzungsrechte der jeweiligen Eigentümer am Gemeinschaftseigentum und
- der Gebrauch von Sondereigentum sowie Gemeinschaftsanlagen.

Sondernutzungsrechte

Die Sondernutzungsrechte umfassen die Nutzung von

- Parkplatz,
- Garten,
- Speicherraum,
- Dachraum,
- Dachboden,
- Spitzboden und
- Trempelboden.

Zum Gebrauch von Sondereigentum und Gemeinschaftsanlagen gehören etwa

- Auflagen bei der Haustierhaltung,
- Benutzung eines Waschraums,
- Benutzung eines Hobbyraums,
- Benutzung von Sauna oder
- Schwimmbad,
- Benutzung von Garten,
- Terrassen und
- Stellplätzen.

Hausordnung

Einzelheiten des alltäglichen Zusammenlebens werden in der **Hausordnung** geregelt. Zu diesen Gebrauchsregeln zählen etwa

- die Reinhaltung und Pflege des gemeinschaftlichen Eigentums (z. B. Treppenhaus),
- Verwaltungsmaßnahmen (z. B. Treppenhausbeleuchtung),
- Vorsichtsmaßnahmen, wie etwa Rauchverbot in der Garage oder im Heizungskeller.

Grundsätzlich zählen zum **Gemeinschaftseigentum:**

- das Grundstück mit Hofraum und Garten,
- Teile des Gebäudes, die für dessen Bestand, äußere Gestaltung sowie Sicherheit nötig sind, insbesondere
  - Mauern,
  - Kamine,
  - Fenster,
- Anlagen und Einrichtungen zum gemeinschaftlichen Gebrauch wie
  - Treppenhaus und
  - Versorgungsleitungen.

Zum **Sondereigentum** werden alle zur jeweiligen Wohnung gehörenden Räume samt deren Einrichtungen, die das Gemeinschaftseigentum nicht beeinträchtigen und die äußere Gebäudegestaltung nicht verändern, gerechnet. Hierzu zählen

Sondereigentum

- die Einrichtung der Küche,
- die Einrichtung des Bades,
- die Innentüren,
- der Fußbodenbelag,
- der Wand- und Deckenputz sowie
- nichttragende Zwischenwände.

Der Wohnungseigentümer ist verpflichtet, sein Sondereigentum instand zu halten. Deshalb muss er das Betreten und Benutzen seines Sondereigentums gestatten, falls dies die Instandhaltung des Gemeinschaftseigentums erfordert. Das müssen auch Mieter hinnehmen.

Falls bei diesen Arbeiten sein Sondereigentum beschädigt wird, hat der Vermieter Anspruch auf Schadensersatz.

Instandhaltung und bauliche Veränderungen – Des Mieters Wille ist kein Himmelreich

Das Wohnungseigentumsgesetz unterscheidet bei Eigentumswohnungen in Wohnanlagen zwischen Maßnahmen zur Instandhaltung und solchen, die eine bauliche Veränderung der Wohnanlage zur Folge haben.

Bauliche Veränderungen am **Gemeinschaftseigentum** können Eigentümer wie auch Mieter nur vornehmen, wenn die Miteigentümer diesen Maßnahmen zustimmen. Eine bauliche Veränderung ist beispielsweise ein nachträglicher Anbau oder die nachträgliche Installation eines Aufzuges.

Nur mit Zustimmung des Vermieters

Die Zustimmung einzelner Wohnungseigentümer ist dann nicht nötig, wenn durch diese Veränderung die Rechte der anderen Wohnungseigentümer nicht berührt werden. Ist dies der Fall, dann müssen diese Eigentümer auch die Kosten der baulichen Veränderung nicht mittragen.

Rücklage

Für Maßnahmen zur **Instandhaltung** von Gemeinschaftseigentum wird eine Rücklage von jedem Eigentümer einbehalten. Es können auch außergewöhnliche Aufwendungen für die Instandhaltung anfallen. Der Austausch der Heizanlage, um effizienter Energie zu sparen, kann mit außergewöhnlichen Aufwendungen verbunden sein. Oder wenn etwa eine Holztreppe durch eine höherwertige Metalltreppe ersetzt wird, fallen Mehrkosten an, und diese außergewöhnlichen Aufwendungen werden auf die Eigentümer umgelegt. Einer solchen Maßnahme müssen die Eigentümer ebenfalls zustimmen. Ihnen als Mieter bleibt dann auch nichts anderes übrig, als zu akzeptieren, dass Ihr Vermieter diese Kosten in weiterer Folge anteilig auf Sie umlegt.

Kosten anteilig umlegen

Bauliche Veränderungen beim **Sondereigentum** kann der Eigentümer grundsätzlich ohne Zustimmung der anderen Miteigentümer vornehmen, wenn

- diese Veränderungen nicht das Gemeinschaftseigentum berühren,
- die Sicherheit des Gebäudes gewährleistet ist,
- die äußere oder innere Gestaltung der Wohnanlage nicht verändert wird.

Wollen Sie als Mieter umfangreichere bauliche Veränderungen in einer gemieteten Eigentumswohnung vornehmen, müssen Sie natürlich Ihren Vermieter um Erlaubnis fragen. Und dieser muss gegebenenfalls die anderen Miteigentümer um Zustimmung bitten. Erst dann kann er Ihnen grünes Licht fürs Verschönern geben.

Dübel & Co – Hammerfreiheit für Mieter

Bauliche Veränderungen ohne Eingriff in die Substanz gehen eigentlich immer. Fast nach Herzenslust dürfen Sie in Ihrer Mietwohnung werkeln, wenn

- die Baumaßnahmen nur in geringem Umfang die Mietwohnung in Mitleidenschaft ziehen,
- die Veränderungen leicht rückgängig zu machen sind,
- Ihre Mit-Mieter von nebenan infolge der Bauerei nicht erheblich gestört werden.

Der Mieterbund hat eine To-do-Liste erlaubter, problemloser baulicher Eingriffe aufgestellt:

Mieter dürfen

- Wände dübeln. Das ist allerdings kein Freibrief für Bohrloch-Neurotiker. Den „üblichen Rahmen" darf die Anzahl der Dübel nicht sprengen. Das gilt auch für Fliesen und Kacheln etwa in Bad und Küche. Es gehört zum ordnungsgemäßen Gebrauch der Mietwohnung. Bei Auszug müssen Sie die Bohrlöcher nur wieder verschließen, wenn Sie vertraglich Schönheitsreparaturen vereinbart haben. *(OLG Frankfurt/Main WM 92, 56; BGH WM 93, 109)*
- Fliesen und Kacheln beschädigen. Aber eben nur im üblichen Rahmen der Dübelei. Die beschädigten Fliesen und Kacheln muss der Vermieter ersetzen. Die Rechtsprechung mutet dem Vermieter hier einiges zu, ein paar Fliesen oder Kacheln muss er als Ersatz schon auf Lager haben. Sind Sie allerdings beim Dübeln maßlos und geht dementsprechend mehr Verfliestes zu Bruch, kann das für Sie teuer werden. Eventuell hat der Vermieter dann Anspruch auf vollständig neue Fliesen, die Sie zahlen müssen. *(LG Göttingen WM 90, 199)*
- einen Türspion einbauen.
- eine Klingelleitung verlegen.
- einen Fensterlüfter einbauen.
- ein Waschbecken, eine Toilette oder eine Badewanne installieren.
- eine Einbauküche aufstellen. Aber nur wenn die Wohnung ohne Einbauküche vermietet worden ist.
- einen Teppichboden verlegen. Beachten Sie allerdings: Bei Ihrem Auszug muss dieser wieder raus

und der Fußboden wieder in den Zustand gebracht werden, wie Sie Ihn bei Abschluss des Mietvertrages vorgefunden haben. Haben Sie etwa den PVC-Boden, auf dem Sie Ihren Teppich verlegt haben, mit Kleber beschädigt, müssen Sie den entstandenen Schaden ersetzen. *(LG Mainz WM 96, 759; LG Mannheim WM 76, 205)*

- einen Laminatboden verlegen. Aber nur bedingt: Wenn der Teppichboden entfernt werden soll, können Sie ihn zwar durch Laminat ersetzen. Ihnen kann aber dann Ungemach von den Nachbarn drohen. Denn Laminat dämmt Tritte nicht so gut wie ein Teppichboden. Eine Klage Ihrer Nachbarn wegen dieser Belästigung wird Erfolg haben. Richter am Oberlandesgericht Schleswig jedenfalls entschieden so: Weil die Lärmbelästigung nach Verlegung des Laminatbodens zu groß war, musste wieder ein Teppichboden verlegt werden. Die Leisetreterei kam den Mieter teuer zu stehen. *(OLG Schleswig 2 W 33/75)*

Grundsätzlich hat der Vermieter das Recht, den Rückbau der vom Mieter durchgeführten baulichen Veränderungen zu verlangen.

Einbauten sind davon ausgenommen, wenn unter anderem

Einbauten

- der Vermieter ausdrücklich auf einen Rückbau oder die Beseitigung der Einbauten verzichtet hat.
- es sich um Verbesserungen des Wohnwertes handelt, die dauerhaft sind. Als Beispiele nennt der Mieterbund:
  – Einbau eines Kachelvollbades,–
  – Einbau eines Besenschrankes,

- Austausch von Kohleöfen durch Nachtspeicherheizung,
- feste Verlegung eines hochwertigen Teppichbodens.
* der Nachmieter die Einbauten übernimmt.
* Einbauten vorgenommen werden mussten, um Mängel zu beseitigen.

Entschädigung möglich

Grundsätzlich haben Sie als Mieter keinen Anspruch darauf, für die von Ihnen ausgeführten baulichen Veränderungen entschädigt zu werden. Lediglich in folgenden Fällen können Sie auf Entschädigung pochen:

* Ihr Vermieter will die Einbauten behalten.
* Die Einbauten waren erforderlich, um in der Wohnung weiter wohnen zu können.
* Die Einbauten haben den Wohnwert gesteigert. Aber Achtung: Die Höhe der Entschädigung richtet sich nicht nach den tatsächlichen Kosten der baulichen Maßnahmen, sondern nach der Steigerung des Mietwertes. Und der lässt sich erst benennen, wenn die Wohnung dann auch tatsächlich teurer vermietet wird. *(BGH NZM 99, 19)*

Balkonien verschönern – Augenmaß wirkt Wunder

Sich regen bringt Segen. Das trifft allerdings nicht immer zu, so beispielsweise wenn es ums Werkeln in Ihrer sonnendurchfluteten Wohlfühl-Welt vor Ihrem Wohnzimmer geht. Wenn Ihnen vielleicht das Geländer nicht mehr gefällt, der Bodenbelag oder die witterungsabhängige Nutzung, dann gehört Vorsicht ganz bestimmt zur ersten Mieterpflicht.

Sie dürfen das Balkon-Werk nicht eben mal so umgestalten, wie es Ihnen gefällt. Das Oberlandesgericht Köln hat Umbaumaßnahmen einen klaren Riegel vorgeschoben.

Ein Bewohner wollte aus seinem Balkon einen **Wintergarten** machen. Der Balkon musste verglast werden. Doch dafür fehlte ihm die Zustimmung der anderen Miteigentümer. Das Oberlandesgericht entschied, dass das Errichten eines Wintergartens keine ordnungsgemäße Instandhaltungsmaßnahme darstellt. Vielmehr handele es sich um eine bauliche Veränderung am gemeinschaftlichen Eigentum. Ohne Zustimmung der Miteigentümer hat der Balkon so zu bleiben, wie er ist – glaslos. *(OLG Köln 16 Wx 205/96)*

Verbotene Umbaumaßnahmen

Es muss aber nicht gleich ein richtiger Wintergarten sein, der anstelle des Balkons entstehen soll. Es genügt schon eine einfache **Balkon-Verglasung**, um einen eindeutigen Richterspruch hervorzurufen. Für das Bayerische Oberste Landesgericht stellt das Verglasen eines Balkons eine bauliche Veränderung am gemeinschaftlichen Eigentum dar. Und ohne Zustimmung der Miteigentümer ist es verboten. Die Nachbarn können selbst dann die Beseitigung der Verglasung verlangen, wenn sie nicht nachteilig beeinträchtigt werden. *(BayObLG II BR 123/97)*

Selbst eine andere Farbe für den Balkon können Sie nur dann wählen, wenn die nachbarlichen Miteigentümer zustimmen. Für einen einheitlichen **Anstrich** plädierte das Bayerische Oberste Landesgericht. Demnach sind auch Außengeländer von Balkonen in einer Wohnanlage gemeinschaftliches Eigentum. Deshalb gilt der Beschluss der Wohnungseigentümer über die Einheitsfarbe an den Außenseiten der Balkongeländer. Ein Wohnungseigentümer und somit auch der Mieter dürfen ihrer Balkonaußenseite keine anderen Farbtupfer verleihen. *(BayObLG 2 ZBR 79/96)*

Ähnlich bewerteten die obersten bayerischen Landesrichter die Installation einer **Markise** an einer Außenwand. Sie musste wieder entfernt werden, weil ein benachbarter Miteigentümer dies verlangte. Wird eine Markise an einer Außenwand einer Wohnanlage angebracht, ist das demnach eine bauliche Veränderung. Und dieser müssen die Miteigentümer zustimmen. *(BayObLG 2 ZBR 34/95)*

Auch das **Errichten eines Balkons** wird als eine bauliche Veränderung gewertet. Die Richter am Oberlandesgericht Düsseldorf entschieden dies im Fall eines Wohnungseigentümers, der im Bereich seiner Gaube einen Balkon bauen wollte – ohne Zustimmung der Miteigentümer nicht möglich. *(OLG Düsseldorf 3 Wx 159/95)*

Antenne oder Kabel – freier Empfang für freie „Miet-Bürger"

Sie haben auch als Mieter gewissermaßen ein Grundrecht auf freien Empfang medialer Informationen. Diese „informationelle Selbstbestimmung" darf niemand, schon gar nicht Ihr Vermieter, einschränken.

Nicht ohne Zustimmung

Antenne oder Kabel – Ihr freier Empfang muss gewährleistet sein. Und zwar möglichst störungsfrei. Ist in Ihrem Mietshaus bereits eine Gemeinschaftsantenne installiert, können Sie als Mieter dennoch eine noch größere Programmvielfalt fordern. Und zwar dann, wenn über die Gemeinschaftsantenne nicht alle Programme empfangen werden, die Sie sehen möchten. Sie können in diesem Fall eine eigene Antenne beanspruchen.

Mittlerweile kann das digitale Fernsehen DVB-T in Deutschland fast flächendeckend empfangen werden. Alte „analoge" Antennenanlagen können das digitale Signal nicht verarbeiten. Ihr Vermieter muss deshalb aber nicht die Gemeinschaftsantenne auswechseln. Für den einwandfreien digitalen Empfang über die vorhandene Antennenanlage gibt es Zusatzgeräte, die bei älteren TV-Geräten notwendig sind. Neuere Modelle haben meist einen integrierten DVB-T-Tuner. Benötigen Sie Zusatzgeräte, müssen Sie diese auf Ihre Rechnung anschaffen. *(LG Berlin MM 2004, 54; AG Berlin-Charlottenburg GE 2004, 1530)*

Häufig genügt ein Zimmerantennen-Set fürs Digital-TV. Dann brauchen Sie weder eine mehr oder weniger aufwändige Installation einer Parabol-Antenne noch die vorhandene Antennenanlage.

Gibt es in Ihrem Mietshaus weder eine Gemeinschaftsantenne noch Kabelanschluss, sind Sie berechtigt, eine eigene Parabol-Antenne zu installieren. *(OLG Frankfurt/Main WM 1992, 458)* Doch prüfen Sie vor dem Kauf und der Installation der Antenne, ob in DVB-T-Zeiten das offerierte Programmangebot nicht ausreicht. Billiger und bequemer ist das DVB-T-Set allemal.

Parabol-Antenne

Existiert bereits ein Kabelanschluss, können Sie von Ihrem Vermieter nicht verlangen, dass er der Installation einer eigenen Parabol-Antenne zustimmt. Ihr mögliches Mieter-Argument der größeren Programm-Vielfalt zieht dann nicht. *(OLG Naumburg WM 94, 17)*

Kabel-anschluss

Sie haben als Mieter allerdings das Recht, einen eigenen Kabelanschluss installieren zu lassen, wenn Ihr Mietshaus keinen hat. Auf Ihre Kosten natürlich. Den Anschluss kann Ihnen Ihr Vermieter nicht untersagen. Er kann aber bei Ihrem Auszug auf den „Rückbau" bestehen. Dann muss der Kabelanschluss ebenfalls auf Ihre Kosten wieder deinstalliert werden. *(LG Berlin DWW 90, 206)*

Parabol-Antenne

Sie dürfen eine Parabol-Antenne installieren, wenn Sie folgende Voraussetzungen beachten:

- Sie übernehmen alle Kosten im Rahmen der Installation.
- Sie halten baurechtliche Bestimmungen und Vorschriften ein.
- Sie demontieren die Antenne, wenn Ihr Mietverhältnis beendet ist und Ihr Vermieter die Demontage verlangt.
- Sie montieren die Antenne an einer Stelle, die Ihr Vermieter bestimmt und die ungestörten Empfang gewährleistet.

Es ist unvermeidlich – die Sache mit dem Balkon muss noch einmal erwähnt werden. TV total – individueller Balkon-Empfang bedeutet keineswegs wirklich schöner, anregender oder interessanter fernsehen.

Gewiss, nicht das Riesen-Ding, jedoch das kleinere, handlichere Antennen-Produkt können Sie einfach auf Ihren Balkon stellen. Das darf dann allerdings weder die Substanz des Mietshauses beeinträchtigen noch dessen Optik. Darauf legt der Bundesgerichtshof Wert.

Das gilt in der Regel auch für das Befestigen der Antenne an der Balkon-Brüstung. Gibt es keinen Kabelanschluss, dann darf ein Mieter das, wenn er etwa Ausländer ist und Programme aus seinem Heimatland sehen möchte. *(BGH WM 2007, 381; BGH WM 2006, 28)*

Ihr Vermieter kann in jedem Fall die Beseitigung der Satelliten-Schüssel verlangen, wenn diese unerlaubt oder nicht fachmännisch installiert worden ist. *(BGH WM 2006, 28; BGH WM 2007, 387)*

Wenn Sie sich an die beschriebenen Voraussetzungen und Bedingungen für die Installation halten, kann Ihnen Ihr Vermieter nicht in die Quere kommen. Sie empfangen dann gewiss so, wie Sie wollen, und holen sich die weite Fernsehwelt ins Wohnzimmer. Störungsfrei, versteht sich.

KAPITEL 9

Schönheitsreparaturen – Was Mieter zahlen müssen

Eigentlich klingen sie recht harmlos, aber sie können es in sich haben. Echt hässlich wird es, wenn um sie gestritten wird, wenn sich Mieter und Vermieter so richtig zoffen – Schönheitsreparaturen!

Doppelgesichtig hat sich da im Jahre 2008 Justitia gezeigt. Wahrlich bahnbrechend für Mieter war das Urteil des Bundesgerichtshofes im Juni: Die „Farbwahlklausel" bei Schönheitsreparaturen ist unwirksam. Mieter sind demnach unangemessen benachteiligt, wenn etwa in Mietvertrags-Klauseln formuliert wird: „Die Schönheitsreparaturen sind in neutralen, deckenden, hellen Farben und Tapeten auszuführen."

Farbwahlklausel

Dieser mieterfreundliche Richterspruch gilt allerdings nur und ausschließlich für Schönheitsreparaturen während der Laufzeit des Mietvertrages. *(BGH VIII ZR 224/07)*

Endet das Mietverhältnis, geht es also um Schönheitsreparaturen beim Auszug, dann verhält sich Justitia ziemlich farbenblind und mieterunfreundlich.

Kaum ein Vierteljahr später, im Oktober 2008, erkennen Karlsruher Richter am Bundesgerichtshof als rechtens: Vermieter dürfen sehr wohl beim Auszug des Mieters Farbe bekennen, auswählen und bestimmen. Mieter haben danach den farblichen Vorgaben ihrer Vermieter zu folgen.

Zulässig ist nach dem Richterspruch eine Schönheitsreparatur-Klausel, die vorschreibt, dass etwa gestrichene Holzteile „in Weiß oder in hellen Farbtönen" zurückgegeben werden müssen. Die Richter meinten, der Vermieter habe ein berechtigtes Interesse daran, die Wohnung mit einer Dekoration zurückzuerhalten, die von möglichst vielen Mietern akzeptiert werde. *(BGH VIII ZR 283/07)*

Bereits drei Jahre zuvor hatte der Bundesgerichtshof den Mietern schon etwas Wichtiges auf dem Mietvertrags-Weg mitgegeben: Mieter müssen Schönheitsreparaturen durchführen, wenn sie dies im Mietvertrag so vereinbart haben. Darauf dürfen Vermieter also mit Recht pochen. Noch während der Laufzeit des Mietvertrages, wenn die üblichen Fristen abgelaufen sind und die Wohnung auch tatsächlich renoviert werden muss. *(BGH VIII ZR 192/04)*

Wann?

Was Schönheitsreparaturen eigentlich sind, hat den Bundesgerichtshof auch schon zu jenen Zeiten beschäftigt, als es noch zwei deutsche Staaten und damit noch zwei unterschiedliche deutsche Rechtssysteme für Mieter gab.

Was sind Schönheitsreparaturen?

Bereits 1987 legte der Bundesgerichtshof *(BGH WM 87, 306)* fest, was alles unter „Schönheitsreparaturen" fällt:

- Tapezieren von Decken und Wänden,
- Kalken von Decken und Wänden,
- Anstreichen von Decken und Wänden,
- Anstreichen von Fußböden,
- Anstreichen von Heizkörpern,
- Anstreichen von Heizrohren,

- Anstreichen von Innentüren,
- Anstreichen der Außentüren von innen,
- Anstreichen der Fenster von innen.

Mehrere untergeordnete Gerichtsinstanzen haben Schönheitsreparaturen präzisiert. So zählen dazu auch

- das Anstreichen der Türen von Wandschränken. *(LG Marburg ZMR 80)*
- das Ausbessern von Löchern, die Dübel, Nägel oder Schrauben in Wänden hinterlassen haben. *(LG Braunschweig WM 86, 274)*

Dübel und Löcher

Apropos Dübel und die dazugehörenden unvermeidlichen Löcher: Enthält Ihr Mietvertrag keinerlei Vereinbarungen oder Klauseln in Sachen Schönheitsreparatur, können Sie beim Auszug die Löcher in den Wänden einfach unverschlossen hinterlassen. Einzige Bedingung dafür ist: Sie dürfen Dübel oder Halterungen nur in „angemessener" Zahl angebracht haben. *(OLG Frankfurt WM 92, 56; OLG Köln OLG-Report Köln 92, 113)*

Ausdrücklich keine Schönheitsreparaturen sind:
- Abschleifen von Wand- und Deckenvertäfelungen,
- Abschleifen von Parkettfußböden,
- Versiegeln von Parkettfußböden,
- Auswechseln von Teppichfußböden, mit denen der Vermieter die Mietwohnung ausgestattet hat,
- Reinigen von Teppichböden, es sei denn, in Ihrem Mietvertrag ist dies ausdrücklich vereinbart,
- Grundieren von Wand- und Deckenvertäfelungen,
- Lasieren von Wand- und Deckenvertäfelungen *(LG Marburg ZMR 2000, 539; OLG Düsseldorf WUM 2003, 621, LG Köln WM 94, 199;*

Berlin NJWE- MietR 96, 266; OLG Stuttgart WM 93, 170),

- Ersetzen von Bad-Kacheln, die Sie beim Dübeln oder beim Anbringen von Wandhaltern, Konsolen etc. angebohrt haben, vorausgesetzt, es stimmt die oben erwähnte „angemessene" Zahl von Dübel & Co.

Schönheitsreparaturen sind ausschließlich Reparaturen innerhalb der Mietwohnung. Reparaturen in den Fluren und dem Treppenhaus eines Mehrparteien-Mietshauses muss der Vermieter ebenso durchführen wie Schönheitsreparaturen in sogenannten Nebenräumen, die außerhalb der gemieteten Wohnung liegen. Dazu zählen auch Kellerräume oder Abstellräume im Dachboden. *(KG Berlin WM 84, 42; LG München I WM 93, 736; AG Langen WM 97, 40, AG Bensheim WM 85, 257)*

Der Mieterbund weist darauf hin, dass ein Mieter Raufasertapeten überstreichen darf, wenn die Tapete keine Abnutzung aufweist. So können drei und mehr Anstriche zulässig sein. *(AG Münster WM 98, 569)*

Raufasertapeten

Raufasertapeten müssen Sie auch nicht erneuern, wenn Sie ausziehen. Eine entsprechende Vereinbarung haben Heidelberger Richter für unwirksam erklärt. *(AG Heidelberg WM 83, 126)*

Kleinreparaturen – und andere, nicht immer schöne Klauseln

Kleinreparaturklausel

Viele Mietverträge enthalten sogenannte Kleinreparaturklauseln. Sie verpflichten Sie als Mieter unter bestimmten Bedingungen zur Zahlung von Kleinreparaturen. Durchführen darf diese Arbeiten aber immer nur der Vermieter oder von ihm beauftragte Personen, die dazu befähigt sind, diese Arbeiten auch fachgerecht auszuführen. Gültig sind solche Klauseln nach Angaben des Mieterbundes aber nur dann, wenn sie

- Bagatellschäden betreffen, deren Behebung maximal rund 80 Euro kosten darf – die Kostenhöhe muss ausdrücklich im Mietvertrag festgehalten werden;
- eine Höchstgrenze für einen bestimmten Zeitraum benennen, wobei pro Jahr ein Betrag von bis zu 200 Euro erlaubt ist, höchstens jedoch acht Prozent der Jahresmiete;
- Gegenstände betreffen, mit denen der Mieter regelmäßig und häufig direkten Kontakt hat, etwa Lichtschalter, Bedienknöpfe von Heizungen und Kochherden etc. sowie Wasserhähne und Griffe von Fensterläden.

Mieter dürfen selbst ran

Als Mieter haben Sie das Recht, fällige vertragsgemäße Schönheitsreparaturen selbst auszuführen. Selbst dann, wenn in Ihrem Mietvertrag die Formulierung steht, diese Art Reparaturen habe ein „Fachmann" oder „Fachbetrieb" zu erledigen.

Erfreulicherweise haben das – Geiz ist eben nicht alles – ausgerechnet Richter in der Schwaben-Hochburg Stuttgart so entschieden: Entsprechende Klauseln im Mietvertrag sind unwirksam. *(OLG Stuttgart WM 93, 528)*

Fachmännisch – Wer bestimmt, was recht ist?

Aber das bedeutet keinerlei Freibrief für Sie als Mieter, amateurhaften Handwerkspfusch abzuliefern. Denn fachgerecht sollen Schönheitsreparaturen schon durchgeführt werden. Geschieht dies nicht und weist Ihnen Ihr Vermieter eine nicht fachgerechte Ausführung nach, kann er von Ihnen Schadensersatz verlangen.

Was „nicht fachgerecht" unter anderem heißt, listet der Deutsche Mieterbund auf:

Nicht fachgerecht

- nicht geeignete Farben,
- schlechte Qualität von Farben,
- nicht deckend gestrichene Decken und Wände,
- Streifen im Anstrich,
- „Nasen" im Anstrich,
- überlappend geklebte Tapeten,
- übermalte Tür- und Fensterbeschläge,
- überstrichene Türen, Fußleisten und Ähnliches, ohne zuvor unebene Stellen im Untergrund zu begradigen.

Sie müssen allerdings auch nicht gerade Renovierungs-Höchstleistungen vollbringen. Das haben Kölner Richter mietergnädig entschieden. Ihrem Vermieter müssen Sie lediglich eine ordentlich renovierte Wohnung übergeben. Ihre Arbeit muss von „mittlerer Art und Güte" sein. *(LG Köln WM 82, 226)*

Ihr Vermieter kann Sie auch nicht zwingen, während der Mietzeit bestimmte Farben oder Tapeten zu verwenden. Über Geschmack lässt sich ja bekanntlich (nicht) streiten, das trifft auch auf die Tapeten- und Farbwahl zu.

In gewisser Weise salomonisch und mit wahrhaft allgemein verbindlichen Geschmacks-Spielräumen widmet sich die Rechtsprechung der oftmals sehr ärgerlichen Angelegenheit. „Ungewöhnliche" Anstriche sind zu vermeiden oder zu beseitigen. Es kommt auf das „durchschnittliche Geschmacksempfinden" des potentiellen Nachmieters an, das ein wildes Farbspektakel eben nicht stören darf. Völlig „normal" eben soll es sein, am besten sind „neutrale" Anstriche. Kommen Sie als Mieter dem nicht nach, hat Ihr Vermieter möglicherweise Schadensersatzansprüche gegen Sie. *(LG Berlin GE 95, 249)*

Hand anlegen – grundsätzlich nur beim Auszug

Schönheitsreparaturen sind grundsätzlich nur durchzuführen, wenn Sie ausziehen. Solange Sie die Wohnung vertragsgemäß innerhalb der Mietzeit bewohnen, darf Ihr Vermieter keine Schönheitsreparaturen verlangen, es sei denn, diese Arbeiten sind notwendig.

Tapetenklausel

Der Bundesgerichtshof hat immer wieder Schönheitsreparatur-Klauseln behandelt und sehr oft gekippt. So etwa die „Tapeten-Klausel", wonach ein Mieter bei seinem Auszug alle Tapeten zu entfernen hat. Es gilt hier das Gleiche wie bei Klauseln zur Endrenovierung: Sie sind unwirksam. Jedenfalls dann, wenn Sie als Mieter dazu verpflichtet werden, ohne dass die Dauer des Mietverhältnisses und der Zeitpunkt der letzten Schönheitsreparaturen berücksichtigt werden. *(BGH VIII ZR 152/05; 109/05)*

Wenn Sie allerdings anstehende Schönheitsreparaturen vertragswidrig nicht durchführen, kann Sie Ihr Vermieter verklagen, die Arbeiten auszuführen.

Ihr Vermieter kann Sie auch abmahnen. Weigern Sie sich dann weiterhin, die notwendigen Maßnahmen durchzuführen, ist Ihr Vermieter berechtigt, die Arbeiten selbst ausführen zu lassen. Die entstandenen Kosten müssen Sie erstatten. *(LG Hamburg WM 90, 65)*

Ihr Vermieter hat einen Anspruch darauf, dass notwendige, vertraglich vereinbarte Schönheitsreparaturen durchgeführt werden. Dieser Anspruch verjährt jedoch in sechs Monaten. Die Verjährungsfrist beginnt mit dem Zeitpunkt der Wohnungsrückgabe. *(BGH WM 2005, 126)* Es spielt hierbei keine Rolle, ob zu diesem Zeitpunkt das Mietverhältnis bereits beendet ist oder noch besteht. *(BGH WM 2006, 319)*

Schadensersatz – manchmal nötig

Unter bestimmten Bedingungen ist ein Vermieter berechtigt, finanziellen Schadensersatz zu verlangen. Und zwar dann, wenn der Vermieter

- den Mieter schriftlich auffordert, die Arbeiten durchzuführen,
- dem Mieter für die Durchführung der Arbeiten eine angemessene Frist setzt, deren Dauer auch davon abhängt, wie umfangreich die Arbeiten sind; zwei bis drei Wochen gelten als angemessene Frist *(LG Berlin GE 89, 413; OLG Hamburg WM 98, 17)*,

- dem Mieter detailliert mitteilt, welche Reparaturen auszuführen sind.

Ausnahmen Der Mieterbund macht allerdings auf zwei Ausnahmen aufmerksam, bei denen ein Vermieter direkt vom Mieter finanziellen Schadensersatz verlangen kann:

- Wenn Sie sich als Mieter definitiv und endgültig weigern, notwendige Schönheitsreparaturen durchzuführen.
- Wenn Schönheitsreparaturen sinnlos sind, etwa weil der Vermieter nach Auszug des Mieters die Wohnung umbaut. *(BGH WM 2005)* Hat Sie Ihr Vermieter über geplante Umbauarbeiten informiert und führen Sie dennoch Schönheitsreparaturen durch, müssen Sie nichtsdestotrotz an Ihren Vermieter „Geldersatz" leisten. *(OLG Oldenburg WM 2000, 301)*

Hätten Sie die Arbeiten in Eigenregie fachgerecht ausgeführt, darf der Vermieter allerdings seine Forderungen nach finanziellem Schadensersatz nicht auf der Grundlage eines Angebotes eines Fachbetriebes stellen. In diesem Fall stehen dem Vermieter nur die Materialkosten der Schönheitsreparaturen zu. *(LG Berlin, ZMR 99, 485; Frankfurt/M. WM 89, 562)*

Der Mieterbund weist darauf hin, dass es in der Rechtsprechung strittig ist, ob ein Mieter auch dann Schadensersatz leisten muss, wenn er die Mietsache vertragswidrig hinterlässt, ohne Schönheitsreparaturen ausgeführt zu haben, und der Nachmieter diese Reparaturen durchgeführt hat. Für die Richter am Bundesgerichtshof muss der Mieter Schadensersatz leisten. *(BGH NJW 68, 491)* Richter diverser anderer

Gerichte sehen dies allerdings nicht so. *(OLG Hamm NJW 64, 1373; LG Duisburg NJW-RR 99, 736; ZMR 64, 83; LG Aurich WM 91, 342; LG Mannheim WM 76, 202, WM 74, 215; LG Berlin WM 62, 103)*

Keinen finanziellen Schadensersatz darf ein Vermieter fordern, wenn

Kein Schadensersatz

- die Immobilie nach dem Mieter-Auszug abgerissen wird *(AG Augsburg WM 2001, 335);*
- die Bausubstanz der Mietsache so miserabel ist, dass eine Schönheitsreparatur keinen Sinn macht *(LG Frankfurt/Main WM 83, 31);*
- der Mieter nach Aufforderung des Vermieters wegen der geplanten Modernisierungsmaßnahmen auszieht und deshalb die Schönheitsreparaturen nicht ausführt *(OLG Karlsruhe WM 84, 51).*

Was auch immer in Ihrem Mietvertrag über Schönheitsreparaturen stehen mag, wie umfangreich diese Arbeiten letztendlich ausfallen, hängt immer auch vom tatsächlichen Zustand der Mietsache ab. Deshalb sollten Sie, wie bereits ausgeführt, gemeinsam mit Ihrem Vermieter ein **Wohnungsübergabe-Protokoll** erstellen und unterschreiben. Dieses Protokoll eignet sich sowohl für den Ein- wie auch für den Auszug.

> **TIPP**
>
> Formular-Vordrucke finden Sie unter www.stern.de/mieter.

(Siehe auch S. 150 ff)

KAPITEL 10

Renovierung, Wohnungsübergabe, Umzug – Worauf muss der Mieter achten?

Die neue Wohnung ist gefunden. Der Mietvertrag unter Dach und Fach. Der Umzug organisiert. Der Termin steht – nun heißt es in der alten Wohnung nur noch: Renovieren oder nicht renovieren, das ist hier die Frage! Und wie so oft im Mietrecht, gibt es keine einfache Antwort, kein schlichtes Ja oder Nein.

Freies Rauchen

Im Jahr 2008 steckten jedenfalls am Bundesgerichtshof wahrlich keine Gesundheits-Apostel in den Richter-Roben. Sie gaben grünes Licht für Nikotin-Qualm und plädierten statt für „rauchfrei" für „freies Rauchen". In der Regel ohne Renovierungszwang für den Mieter bei Auszug. Dass das Urteil vielleicht noch viele andere Mieter erfreut und nicht ausschließlich jene mit schwärzester Raucher-Lunge, ist dabei gewiss von untergeordneter Bedeutung.

Die Karlsruher Richter urteilten, dass nur Extremraucher in Extremfällen die nikotinverdreckte Mietwohnung renovieren müssen. Nikotin-Gilb gehöre zum „vertragsgemäßen Gebrauch" der Mietwohnung. Selbst dann, wenn infolge permanenter Raucher-Orgien die Wohnung vorzeitig wieder in einen ordentlichen Wohnzustand gebracht werden müsse. Der glimmstengelsüchtige Mieter ist nur dann verpflichtet, die Wohnung umfassend zu renovieren, wenn die Qualm-Spuren an Decken, Wänden und Böden nicht mehr durch Anstreichen und Tapezieren beseitigt werden können. Also nur dann, wenn die „üblichen Schönheitsreparaturen" versagen. *(BGH VIII ZR 37/07)*

Höchstrichterlich wurde auch das langjährige juristische Hin und Her in Sachen „Mietzuschlag" abschließend beurteilt. Durchaus gängige Vermieterpraxis war es, Renovierungskosten unzulässigerweise auf Mieter abzuwälzen – und zwar dann, wenn sich eine vertraglich vereinbarte Klausel über die Renovierungs-Pflichten des Mieters als unwirksam herausstellte. Viele Vermieter versuchten in diesen Fällen den Ausfall dieser Renovierungskosten schlicht über einen Mietzuschlag „auszugleichen". Das dürfen Vermieter nach dem BGH-Urteil aber nicht. Die Richter sind der Auffassung, dass Vermieter für solche unwirksamen Klauseln in ihren Mietverträgen auch alleine die Verantwortung zu tragen haben und die Folgen nicht auf Mieter abwälzen dürfen. Die Vorschriften für Mieterhöhungen deckten einen derartigen Mietzuschlag nicht ab. *(BGH VIII ZR 283/07)*

Mietzuschlag

Renovieren – ohne starre Frist und Abgeltung

Was es ganz gewiss nicht gibt, sind starre Fristen, an die sich der Mieter in Sachen Renovierung strikt zu halten hat. Selbst wenn im Mietvertrag Zeiträume fixiert sind, nach denen der Mieter zur Verschönerungstat schreiten soll, gelten diese starren Vereinbarungen nicht, sie sind unwirksam.

Keine starren Vereinbarungen

Renovierungsintervalle

Renovierungsintervalle können zwar vertraglich aufgeführt werden, dürfen aber eben nicht absolute Richtschnur sein. Es muss immer auch der tatsächliche Zustand, die tatsächliche Abnutzung der Räume berücksichtigt werden. Und dies hängt ja nicht nur davon ab, ob und wie Mieter in der Mietwohnung „hausen", sondern auch maßgeblich davon, wann denn die letzte, quasi turnusmäßige Renovierung stattgefunden hat. *(BGH VIII ZR 335/02)*

Also, starre Renovierungsfristen haben ebenso wenig Gültigkeit wie der fromme Mieter-Glaube, bei einem Auszug brauche generell nicht mehr renoviert zu werden.

Wann müssen Sie als Mieter eigentlich renovieren? Jedenfalls nicht, wenn Sie in eine neue Wohnung einziehen. Sie können dazu nicht verpflichtet werden, auch wenn im Mietvertrag eine entsprechende Klausel steht. Diese ist unwirksam. *(OLG Hamburg WM 91, 523; LG Bremen WM 89, 367)* Sie können als Mieter freilich dennoch nach Einzug renovieren, wenn Sie es wollen.

Renovierungsfristen

Vertragliche Vereinbarungen über Renovierungsfristen während des Mietverhältnisses sind allerdings zulässig. Diese Fristen müssen angemessen sein. Der Bundesgerichtshof hat dazu Folgendes entschieden:

- Alle drei Jahre müssen Küche, Bad und Duschräume renoviert werden.
- Alle fünf Jahre renoviert werden müssen die Wohn- und Schlafräumen, der Flur, die Diele und die Toilette.

- Alle sieben Jahre renoviert werden müssen die anderen Nebenräume. *(BGH WM 2005, 383; WM 87, 306)*

Je nach dem Grad der tatsächlichen Abnutzung können diese Fristen allerdings variieren. Eine Renovierung kann dann in kürzeren oder längeren Zeitabständen durchgeführt werden. Eine kürzere Renovierungsfrist darf aber nicht vertraglich festgeschrieben werden.

In etlichen Mietverträgen finden Sie eine Formulierung, wonach Renovierungsfristen mit dem Begriff „üblicherweise" definiert werden. Derartige Formulierungen gelten in der Regel.

> **ACHTUNG!**
>
> Wenn Sie die Renovierungsfristen nicht einhalten und etwa vor deren Ablauf freiwillig Renovierungsarbeiten durchführen lassen, dann gelten die Fristen ab dem Zeitpunkt der Renovierung.

Der Mieterbund rät Mietern deshalb, freiwillig durchgeführte Renovierungen Ihrem Vermieter immer nachzuweisen. Sammeln Sie also Belege und Rechnungen über gekauftes Material, Werkzeug, Farben, Tapeten etc. sowie Rechnungen der von Ihnen beauftragten Firmen und bewahren Sie diese zusammen mit Ihrem Mietvertrag auf.

Helfen Ihnen Verwandte, Freunde und Bekannte bei der Renovierung, lassen Sie sich dies schriftlich mit Datum bestätigen.

Nach gängiger Rechtsprechung sind folgende Renovierungsklauseln in Mietverträgen nicht wirksam:

- starre Fristen,
- zu kurze Fristen,
- „bei Bedarf",
- „sobald als erforderlich".

Abnutzung Dagegen ist eine Klausel zulässig, die eine Renovierung „je nach Grad der Abnutzung" normiert.

Unzulässig sind weiters Klauseln, die eine Endrenovierung bei Auszug vorschreiben, ohne die vereinbarten Renovierungsfristen zu berücksichtigen. Eine solche zusätzliche Verpflichtung des Mieters zum Renovieren ist unwirksam. *(BGH WM 2003, 436, 561; WM 98 592)*

Abgeltungsklausel Ebenso wie starre Fristen bei der Renovierung hat der Bundesgerichtshof auch die sogenannte „Abgeltungsklausel" mit starren Fristen für unwirksam erklärt. Solche Klauseln verpflichten den Mieter, anteilig Renovierungskosten an den Vermieter zu zahlen, wenn der Mieter vor Ablauf der vereinbarten Renovierungsfristen auszieht.

Die anteiligen Kosten werden in Verträgen nach einem Beispiel des Mieterbundes etwa wie folgt aufgeschlüsselt:

- nach 12 Monaten ...... 20 Prozent,
- nach 24 Monaten ...... 40 Prozent,
- nach 36 Monaten ...... 60 Prozent,
- nach 48 Monaten ...... 80 Prozent.

Der Bundesgerichtshof sieht in derartigen Klauseln eine unangemessene Benachteiligung von Mietern. *(BGH VIII ZR 52/06)*

Ohne Vereinbarung keine Renovierung

Fehlt im Mietvertrag eine Vereinbarung über Schönheitsreparaturen, müssen Mieter, wenn sie ausziehen, nicht renovieren.

Diese müssen Sie allerdings bei einem Auszug nachholen, wenn Sie die vereinbarten Fristen zur Durchführung von Schönheitsreparaturen während des Mietverhältnisses nicht eingehalten haben. Dann müssen Sie überall dort nacharbeiten, wo laut Mietvertrag die Renovierungsfristen abgelaufen sind.

Genossenschafts-Mietverträge

Auf Besonderheiten von Renovierungs-Klauseln in Genossenschafts-Mietverträgen über Wohnräume weist der Mieterverein zu Hamburg hin. Nicht gültig ist demnach eine Klausel in den Allgemeinen Vertragsbedingungen dieser Mietverträge, wonach bei Renovierungen der Mieter von der „bisherigen Ausführungsart" nur abweichen darf, wenn der Vermieter zustimmt. Unwirksam ist dann auch, dass der Vermieter seinem Mieter die gesamten Schönheitsreparaturen auferlegt. *(BGH VIII ZR 199/06)*

Diese BGH-Entscheidung bedeutet nach Auffassung des Mietervereins:

- Der Mieter ist zu keinen Renovierungsarbeiten verpflichtet.
- Die Renovierungsarbeiten (Schönheitsreparaturen) liegen dann beim Vermieter.
- Der Mieter muss selbst dann nicht renovieren, wenn eine Renovierung eigentlich angebracht wäre.
- Die Wohnungsgesellschaft/Genossenschaft kann vom Mieter nicht einen Nachtrag zum Mietvertrag fordern, der vom Mieter die Übernahme der Schönheitsreparaturen vorsieht.

- Es entstehen keine vertraglichen Verpflichtungen, weiterhin zu renovieren, wenn der Mieter in der Vergangenheit die entsprechenden Arbeiten selbst ausgeführt hat.
- Mieter müssen bei Auszug weder tapezieren noch anstreichen, auch wenn sie während des Mietverhältnisses die Wohnung nach ihrem Geschmack dekoriert haben.

Übrigens eines gilt für Renovierungen immer: Die Arbeiten müssen fachmännisch durchgeführt sein. „Pfusch am Bau" ist unzulässig. Der Mieter steht für die fachgerechte Ausführung ein und hat auch gegebenenfalls die Kosten für eine Fachfirma zu übernehmen, die der Vermieter beauftragt. Der Mieter muss unter Umständen auch Schadensersatz leisten. (Siehe auch S. 139)

Pfusch unzulässig

Wohnung übergeben – streng nach Protokoll

Um unnötige Streitereien und ungerechtfertigte Forderungen Ihres Vermieters möglichst zu vermeiden, sollten Sie gemeinsam mit Ihrem Vermieter ein **Wohnungsübergabe-Protokoll** erstellen und unterschreiben. Dieses Protokoll können Sie übrigens sowohl beim Einzug wie auch beim Auszug verwenden.

> **TIPP**
>
> Sie erhalten entsprechende Formular-Vordrucke unter www.stern.de/mieter.

Diese Formulare sind übersichtlich und recht einfach auszufüllen. Mieter und Vermieter sollten jeweils ein identisches Exemplar dieses Übergabe-Protokolls verwenden und darin den Zustand der Mietsache exakt vermerken.

Es ist wichtig, dass beide Exemplare auch jeweils von Mieter und Vermieter unterschrieben werden. Zusätzlich sollten Sie als Mieter eine Person Ihres Vertrauens hinzuziehen, die als Zeuge ebenfalls beide Exemplare des Übergabe-Protokolls unterschreibt.

Auch wenn sich mit diesem Wohnungsübergabe-Protokoll weder Mieter noch Vermieter verpflichten, Schäden zu beheben oder Schönheitsreparaturen durchzuführen, so dient es doch bei möglichen Streitigkeiten als wichtiges Beweismittel.

Beweismittel

Hat auch der Vermieter das Protokoll unterschrieben und damit bestätigt, dass die Wohnung in einem ordnungsgemäßen Zustand übergeben worden ist, kann der Vermieter im Nachhinein nicht ohne Weiteres behaupten, die Wohnung weise doch Mängel auf, die der Ex-Mieter dann beheben muss. Derart „verspätete" Ansprüche auf Mängelbeseitigung kann der Vermieter in der Regel nicht mehr durchsetzen. *(BGH NJW 83, 446; LG Hamburg ZMR 99, 405; LG Braunschweig WM 97, 470)*

Im Formular-Vordruck des Mieterbundes werden folgende Punkte bei der Wohnungsübergabe protokolliert:

- Name des/der Mieter(s),
- Anschrift und Lage der besichtigten Wohnung,
- vor Einzug oder vor Auszug,

- Datum der Wohnungs-Besichtigung,
- bei der Besichtigung wurden keine Mängel festgestellt,
- bei der Besichtigung wurden folgende Mängel festgestellt.

Bei zehn aufgeführten Räumen kann dann entweder

- angekreuzt werden „In Ordnung ja" oder
- vermerkt werden „Folgende Mängel festgestellt" oder
- unter „Bemerkungen" der jeweilige Zustand des Raumes beschrieben werden.

Folgend Räume listet das Protokoll auf:

- Diele/Flur,
- Küche,
- Bad/WC,
- Wohnzimmer,
- Balkon,
- Schlafzimmer,
- Kinderzimmer,
- Keller,
- weitere Räume,
- Garage.

Ferner werden jeweils Zählernummer und Zählerstand vermerkt für

- Strom,
- Gas (soweit vorhanden),
- Wasser (soweit vorhanden).

In der Rubrik „Bemerkungen/Sonstiges" können weitere Feststellungen über den Zustand der Mietsache notiert werden.

Des Weiteren werden sowohl die Anzahl der übergebenen wie auch die Anzahl der noch fehlenden Wohnungsschlüssel festgehalten.

Schließlich unterschreiben das Protokoll unter dem Datum der Wohnungs-Besichtigung:

- der Vermieter,
- der Mieter und
- der Zeuge.

Umziehen – aber richtig

Einen Umzug sollten Sie sorgfältig planen – das schützt aber nicht unbedingt vor typischem Stress beim Umzug. Es nervt ganz bestimmt, wenn Umzugsgut zu Bruch geht, wenn Einrichtungsgegenstände am falschen Platz stehen, wenn Termine nicht so eingehalten werden wie im Zeitplan vorgesehen. Und der Ärger kann sich noch steigern, wenn Sie an die Umzugskosten denken.

Sicher, Sie können alles in Eigenregie erledigen – mit Freunden und Bekannten, mit Mietwagen und so weiter. Das ist auf alle Fälle billiger, als wenn Sie einen Umzugs-Profi engagieren. Es kann aber auch ein kostspieliges Erwachen geben, wenn Sie für Schäden haften, die Ihre Leute beim Umzug in der Wohnung, am Haus oder am Eigentum Dritter verursacht haben.

Do it yourself?

Sie sollten beim Privat-Umzug auch bedenken, dass Ihre Helfer versichert sein sollten und dass nicht alles von den Laien-Helfern ausgeführt werden darf. Für so manche Installation ist ein Profi erforderlich, etwa bei der Installation von Elektro- und Gasherden.

Beauftragen Sie eine Spedition für den Umzug, kann das zwar Ihren Geldbeutel strapazieren, Ihre Nerven allerdings etwas schonen – zumindest was die Umzugsschäden betrifft. Verursacht der Fachmann die Schäden, muss er auch dafür geradestehen und für die Beseitigung zahlen. Auch berechtigten Forderungen nach Schadensersatz muss er nachkommen.

Achten Sie darauf, dass in Frage kommende Unternehmen die europäische Norm für Möbeltransporte erfüllen. Diese DIN EN 12522 verlangt bestimmte Standards, die Firmen erfüllen müssen.

Diese Norm ist hilfreich, kann Sie aber letztendlich nicht vor schlechter Qualität schützen. Holen Sie sich deshalb immer mehrere Angebote von Speditionen ein und vergleichen Sie sorgfältig Angebot, Leistung und Kosten. Erkundigen Sie sich auch nach dem Leumund von Firmen. Scheuen Sie sich nicht, auch in diesem Fall den Mieterbund vor Ort um Rat zu fragen.

Speditionen haften

Speditionen haften. Gesetzliche Bestimmungen legen fest, dass diese Haftung über eine Versicherungsgesellschaft abgedeckt wird. Es ist aber empfehlenswert, zusätzlich eine Transportversicherung abzuschließen, denn in der Regel umfasst die Haftung des Spediteurs nur eine Grundhaftung für das Umzugsgut.

Bei einer Transportversicherung ist es wichtig, den tatsächlichen Wert Ihres Hausrates anzugeben. Legen Sie hierbei Ihre Hausratsversicherung zugrunde.

Der Unternehmer haftet nur für Gegenstände, die er auch verpackt hat. Nicht jedoch für Juwelen, Geld, Kostbarkeiten, Pflanzen und Tiere.

Noch am Umzugstag müssen Sie Schäden schriftlich melden, die an Ihrem Hausrat entstanden sind. Handelt es sich um verdeckte Schäden, haben Sie zehn Tage Zeit, diese schriftlich zu melden.

Der Mieterbund hat eine Planungsliste zusammengestellt, die Ihnen hilft, Ihren Umzug richtig und sinnvoll über die Bühne zu bringen. Folgendes sollten Sie beachten:

Richtig planen

- Kündigen Sie rechtzeitig die alte Wohnung.
- Misten Sie rechtzeitig Keller oder Speicher aus.
- Überprüfen und ändern Sie Ihre Einzugsermächtigungen (etwa für Strom, Gas, Wasser, Telefon, Versicherungen etc.)
- Lassen Sie von Ihrem Versorgungsunternehmen die Zählerstände für Gas, Wasser und Strom ablesen.
- Eröffnen Sie gegebenenfalls ein Bankkonto an Ihrem neuen Wohnort.
- Melden Sie Ihre Versicherungen um.
- Melden Sie Ihr Auto um.
- Melden Sie Ihre Kinder in der Schule oder im Kindergarten um.
- Melden Sie sich beim Einwohnermeldeamt Ihres neuen Wohnortes an. An Ihrem alten Wohnort brauchen Sie sich nicht mehr abzumelden.
- Stellen Sie bei der Post einen Nachsendeantrag.
- Teilen Sie Ämtern, Versicherungen, Ihrem Arbeitgeber usw. Ihre neue Anschrift mit.
- Legen Sie einen Ordner für Rechnungen und Umzugsunterlagen an.
- Sie können bei einem Umzug bestimmt sparen: Selbst Steuern können Sie sparen: Schauen Sie einfach im Kapitel „Steuern sparen" nach, wie das geht (S. 184 ff).

KAPITEL 11

Kündigung – Worauf ein Mieter achten muss

Die gute Nachricht für Sie als Mieter zuerst: Ihr Vermieter darf Ihnen nicht mal eben so willkürlich kündigen. Ihr Vermieter braucht für die Kündigung einen gesetzlich anerkannten Grund, und er muss in der Regel bestimmte Kündigungsfristen einhalten.

Pflichtverletzung des Mieters – Fristlos geht auch

Kommt ein Mieter seinen vertraglichen Verpflichtungen aus eigenem Verschulden in erheblichem Umfang nicht nach, dann darf der Vermieter die Kündigung, unter bestimmten Voraussetzungen sogar eine fristlose Kündigung aussprechen.

> **ACHTUNG!**
>
> Bedenken Sie: Auch Pflichtverletzungen durch Familienangehörige, die in der Mietwohnung leben, muss sich der Mieter zurechnen lassen.

Pflichtverletzungen sind:

- **Zahlungsverzug:** Zahlt ein Mieter zwei Monate lang seine Miete nicht, darf ein Vermieter fristlos kündigen. Ist ein Mieter mit weniger als zwei Monatsmieten in Zahlungsverzug oder zahlt er den

Mietzins dauerhaft nicht pünktlich wie vereinbart, dann riskiert er die Kündigung. Der Vermieter braucht ihn dabei zuvor nicht immer abzumahnen. *(OLG Oldenburg WM 91, 467)* Erfolgt jedoch keine Abmahnung, lohnt es sich für den Mieter, genau prüfen zu lassen, ob denn tatsächlich eine „erhebliche" Pflichtverletzung vorliegt oder eben doch nur eine unerhebliche. Im Unterschied zur fristlosen Kündigung bleibt eine fristgerechte Kündigung wegen Zahlungsverzuges auch dann wirksam, wenn der ausstehende Betrag nachträglich vom Mieter gezahlt wird. *(OLG Stuttgart WM 91, 526)* Allerdings ist dann in der Regel zu prüfen, ob noch immer eine „erhebliche Vertragsverletzung" auf Seiten des Mieters vorliegt. Der Bundesgerichtshof sieht das häufig nicht mehr als gegeben an. *(BGH WM 2005, 250)* Auch im Zusammenhang mit der sogenannten Sozialklausel muss die Nachzahlung des Mieters berücksichtigt werden. *(OLG Karlsruhe WM 92, 517; OLG Stuttgart WM 91, 526)* Wird wegen Mängeln die Miete gekürzt und gerät der Mieter deswegen in einen „Mietrückstand", darf der Vermieter nicht kündigen.

- **Vertragswidriger Gebrauch der Mietwohnung:** Nimmt ein Mieter eine dritte Person in der Mietwohnung auf oder untervermietet er seine Mietwohnung ohne Erlaubnis des Vermieters, darf der Vermieter kündigen, unter bestimmten Bedingungen auch fristlos. Ein vertragswidriger Gebrauch der Wohnung kann auch dann vorliegen, wenn die Wohnung überbelegt ist. Wie so oft im Mietrecht, entscheidet auch hier der Einzelfall, ob eine Überbelegung vorliegt. Für das Oberlandesgericht in Hamm liegt eine Überbelegung vor, wenn eine fünfköpfige Familie eine 56 Quadratmeter große Wohnung mietet und danach noch drei weitere Kinder bekommt. Das Landgericht Kempten dagegen beurteilt es nicht als Überbelegung, wenn eine 78 Quadratmeter große Wohnung von fünf Personen gemietet wird, in Wirklichkeit aber sieben Personen in der Wohnung leben. *(OLG Hamm WM 82,323; LG Kempten WM 97, 371)*

Eigenbedarf des Vermieters – klappt nicht immer

Eigenbedarf als Kündigungsgrund

Meldet ein Vermieter Eigenbedarf für sich selbst, für seine Familie oder für seine Angehörigen an, hat er das Recht, den Mietvertrag zu kündigen. Zu den Familienangehörigen zählen unter anderem die Eltern, Kinder und Enkel des Vermieters, nicht jedoch der geschiedene Ehegatte, Schwager, die Nichten, Neffen, Stiefkinder und Eltern von Lebensgefährten. Und natürlich gibt es auch hier Ausnahmen für entfernte Verwandte; wenn etwa ein besonders enger Kontakt zum Vermieter besteht und er deshalb die „moralische Verpflichtung", dem Angehörigen Wohnraum zur Verfügung zu stellen, geltend machen kann. Dies stellt allerdings keinen Freibrief in Sachen Eigenbedarf dar.

Moralische Verpflichtung

Allzu leicht ist es für Vermieter nicht, „besonders engen Kontakt" und „moralische Verpflichtung" glaubhaft zu machen. Gelegentliche Geschenke jedenfalls, mit denen der Vermieter einmal im Jahr von seinem entfernten Verwandten etwa zur Weihnachtszeit bedacht wird, reichen für den Nachweis des Eigenbedarfs nicht aus. *(OLG Braunschweig WM 93, 731, LG Wiesbaden WM 91, 491; LG Münster WM 91, 107)*

Eigenbedarf liegt aber dann vor, wenn ein Vermieter die vermietete Wohnung für eine Pflegekraft benötigt, weil diese Pflegekraft seine Mutter betreuen soll. Bedingung ist hierbei allerdings, dass die zu pflegende Mutter in einer anderen Wohnung desselben Mietshauses lebt. *(LG Potsdam WM 2006, 44)*

Kann der Vermieter „vernünftige" und „nachvollziehbare" Gründe für Eigenbedarf vorbringen, hat der Mieter allerdings geringe Aussichten, sich erfolgreich dagegen zu wehren. Der Mieterbund hat solche Gründe aufgelistet:

Gründe für Eigenbedarf

- Der Vermieter verwendet die gekündigte Mietwohnung als Altersruhesitz.
- Der Vermieter möchte sein Kind in der gekündigten Mietwohnung wohnen lassen, um so die Bindung zwischen Kind und Elternhaus aufrechtzuerhalten.
- Der Vermieter war bislang selbst Mieter. Die Wohnung wurde ihm gekündigt. Deshalb kauft er nun eine Eigentumswohnung, um dort einzuziehen. Wenn diese Eigentumswohnung vermietet ist, darf er als neuer Eigentümer dem Mieter mit der Begründung „Eigenbedarf" kündigen. Allerdings können Mieter unter bestimmten Voraussetzungen einen derartigen Anspruch auf Eigenbedarf erfolgreich abwehren und sich auf die sogenannte „Sozialklausel" berufen (Siehe S. 173 f).

Der Mieterbund rät auf jeden Fall, den vorgebrachten Eigenbedarf genau zu prüfen, insbesondere folgende Punkte:

- Besteht der ernsthafte Wunsch des Vermieters zur Selbstnutzung tatsächlich? Dieser Wunsch existiert etwa dann nicht, wenn ein Vermieter für seinen Sohn Eigenbedarf anmeldet, weil dieser mit seiner Verlobten in die gemietete Wohnung einziehen möchte, die Wohnung aber dafür nicht geeignet ist und die angebliche Verlobte die Wohnung überhaupt nicht kennt. *(LG Mosbach WM 92,18)*
- Trifft der geltend gemachte Wohnbedarf zu oder ist er deutlich zu hoch? Von einem rechtsmissbräuchlichen Eigenbedarf, der weit überhöht ist, gehen etwa die Richter beim Bundesverfassungsgericht aus, wenn eine Vermieterin mit ihrem kleinen Kind eine Sieben-Zimmer-Wohnung beansprucht, die rund 250 Quadratmeter groß ist. *(BverfG WM 89, 114; 75, 85)*
- Ist der Vermieter auf die Mietwohnung angewiesen, um seinen vorgebrachten Wohnbedarf zu decken oder gibt es dafür auch anderen Wohnraum, der Eigentum des Vermieters ist?

Treuwidrige Gründe

Führt der Vermieter Gründe für den Anspruch auf Eigenbedarf an, die „treuwidrig" sind, ist eine entsprechende Kündigung unwirksam.

Das ist etwa dann der Fall, wenn er Gründe vorbringt, die ihm bei der Unterzeichnung des Mietvertrages bekannt waren oder die er hätte vorhersehen können.

Als Beispiele nennt der Mieterbund:

> **BEISPIEL**
>
> Bei Abschluss des Mietvertrages ist die Tochter des Vermieters im dritten Monat schwanger. Nach sechs Monaten kündigt der Vermieter die Mietwohnung mit der Begründung, er brauche sie für die junge Mutter und ihr Baby.

> Die Vermieterin vermietet ihre bisherige Wohnung und zieht zu ihrem Freund. Die Beziehung geht nach einem halben Jahr in die Brüche. Deshalb kündigt die Vermieterin ihrem Mieter mit der Begründung, sie benötige den Wohnraum nun selbst. (AG Winsen WM 80, 213)

Treuwidriger Eigenbedarf

Treuwidriger Eigenbedarf kann auch dann vorliegen, wenn der Vermieter diesen nur vorübergehend beansprucht. Grundsätzlich gilt hier: Je länger diese vorübergehende Nutzung des Vermieters dauert, desto schwieriger wird es für den Mieter sein, treuwidrigen Eigenbedarf nachzuweisen.

Es gibt zwar keine eindeutigen Zeitgrenzen. Das Bayerische Oberlandesgericht erkennt aber bei einer mehrjährigen Wohnungsnutzung durch den Vermieter einen berechtigten Wunsch des Vermieters auf Eigenbedarf an.

Befristeter Eigenbedarf

Beim befristeten Eigenbedarf kommt es auch darauf an, ob der Termin exakt feststeht, zu dem der Vermieter wieder aus der beanspruchten Mietwohnung auszieht. Ferner muss dabei berücksichtigt werden, ob der Vermieter einen besonders dringenden Wohnbedarf vorweisen kann. Es kann auch darauf ankommen, dass der Vermieter ein besonderes Interesse an der Wohnung geltend machen kann, etwa die unmittelbare Nähe zu seinem Arbeitsplatz. Schließlich kann er auch finanzielle Gründe für seinen befristeten Eigenbedarf anführen.

Treuwidriger Eigenbedarf liegt allerdings nicht mehr vor, wenn mehr als fünf Jahre zwischen Abschluss und Kündigung des Mietvertrages liegen. *(BayObLG WM 93,252)*

Vorgetäuschter Eigenbedarf

Wird Eigenbedarf vom Vermieter vorgetäuscht, so haben Sie als gekündigter Mieter Anspruch auf Schadensersatz. Wie aber können Mieter vorgetäuschten Eigenbedarf des Vermieters nachweisen? Das ist in der Praxis oft nicht gerade einfach, denn die Beweislast liegt allein beim Mieter. Ein bisschen detektivisches Talent ist da schon gefordert. In der Regel kommen Mieter den vorgetäuschten Absichten des Vermieters auf die Schliche, wenn Sie feststellen, dass die gekündigte Wohnung nach einer Schamfrist wieder vermietet oder aber verkauft wird.

Prüfen Sie deshalb über einen längeren Zeitraum, ob Ihr Vermieter die gekündigte Wohnung auch so nutzt, wie er es im Kündigungsschreiben dargelegt hat. Verlangen Sie im Falle der Weitervermietung oder des Verkaufs der gekündigten Mietwohnung von Ihrem Vermieter Auskunft, warum er die bei der Eigenbedarfs-Kündigung genannten Gründe nicht eingehalten hat. Darauf haben Sie Anspruch. (*LG München I WM 86, 219; 86, 220*)

Liegen Anzeichen für einen vorgetäuschten Eigenbedarf vor, kann davon ausgegangen werden, dass der Vermieter „keine ernsthafte Nutzungsabsicht" hat. Nach Auffassung des Bundesgerichtshofes genügt es allerdings nicht, dass der Vermieter dies nur bestreitet. Der Vermieter muss seine „ernsthafte Nutzungsabsicht" schon genauer darlegen und vor allem „substantiiert" und „plausibel" ausführen, warum die Gründe für den Eigenbedarf nach Auszug des gekündigten Mieters entfallen sind. (*BverfG WM 97, 361; 95, 156; LG Frankfurt/Main WM 95, 156*) Das macht dem Vermieter zwar vielleicht etwas Mühe. Doch die

Beweislast bleibt beim Mieter, denn er muss auch nach ausführlichen Darlegungen des Vermieters beweisen, dass es sich um vorgetäuschten Eigenbedarf handelt. (*BGH WM 2005, 521*)

Vorgetäuschter Eigenbedarf – Schadensersatz fällig

Ein kleiner Trost für Mieter: Das Vortäuschen von Eigenbedarf ist kein Kavaliersdelikt. Der Vermieter muss nicht nur Schadensersatz leisten. Mitunter muss er sogar mit strafrechtlichen Konsequenzen rechnen, denn vorgetäuschter Eigenbedarf kann den Tatbestand des Betrugs erfüllen. (*OLG Koblenz WM 89, 253; BayOLG WM 87, 129*)

Strafrechtliche Konsequenzen

Was ein Mieter als Schadensersatz verlangen kann, hat der Mieterbund aufgelistet:

- Mietdifferenz: Ist die neue Mietwohnung teurer als die alte gekündigte, kann der Mieter die Mietdifferenz einfordern. Hierbei darf die neue Wohnung allerdings keinen höheren Nutzungswert als die alte Wohnung haben. Ferner müssen Baujahr, Größe, Ausstattung und Lage beider Wohnungen vergleichbar sein. Wie lange die Mietdifferenz gefordert werden kann, wird in der Rechtsprechung nicht einheitlich beantwortet. So hält das Landgericht Wuppertal einen Zeitraum von fünf Jahren für möglich, vier Jahre sind es beim Landgericht Darmstadt und maximal drei Jahre bei den Landgerichten Saarbrücken und Köln. (*LG Potsdam WM 2001, 243; LG Hamburg WM 95, 175; LG Hamburg NJW-RR 93, 333; LG Berlin MM 94, 176; LG Saarbrücken WM 95,*

173; LG Darmstadt WM 95, 165; LG Wuppertal WM 97, 681; LG Köln WM 92, 14)
- Doppelte Mietzahlung: Kann der gekündigte Mieter die neue Wohnung nicht genau zu dem Zeitpunkt mieten, der als Auszugstermin aus der alten Wohnung vereinbart ist, kann er eine doppelte Mietzahlung verlangen. (*LG Hamburg WM 95, 161; 95, 175*)
- Kosten des Räumungs-Rechtsstreits (*LG Wuppertal WM 97, 681, LG Hamburg WM 95, 161*)
- Umzugskosten *(LG Hamburg WM 95, 161; LG Saarbrücken WM 95, 173)*
- Montagekosten von Einrichtungsgegenständen (*LG Hamburg WM 95, 163*)
- Maklerprovision für die Vermittlung der neuen Mietwohnung
- Kosten des Umbaus der Einbauküche für die neue Wohnung *(AG Bad Oldeslohe WM 95, 170)*
- Telefonanschluss *(AG Bad Oldeslohe WM 95, 170)*
- Malerarbeiten in der neuen Wohnung *(LG Saarbrücken WM 95, 173)*
- Altes Mobiliar: Muss ein Mieter altes Mobiliar verkaufen, weil es in der neuen Wohnung nicht aufgestellt werden kann, kann er die Differenz zwischen Verkaufspreis und Zeitwert der Möbel zuzüglich der Kosten für Verkaufs-Inserate verlangen. (*LG Saarbrücken WM 95, 173*)
- Neues Mobiliar: Passen die Einrichtungsgegenstände der alten Wohnung wegen der unterschiedlichen Maße oder einer anderen Raumaufteilung nicht in die neue Wohnung, kann der Mieter Schadensersatz verlangen, zum Beispiel für neue Gardi-

nen, eine neue Garderobe, neue Einbauschränke fürs Bad etc. *(LG Hamburg WM 95, 175)*

Angemessene wirtschaftliche Verwertung – weitere Kündigungsgründe

Wird ein Vermieter an der angemessenen wirtschaftlichen Verwertung der Immobilie gehindert und muss er deshalb erhebliche Nachteile in Kauf nehmen, kann der Vermieter den Vertrag kündigen. Der Mieterbund weist ausdrücklich darauf hin, dass diese Regelung seit 2004 in den neuen Bundesländern auch für Alt-Verträge gilt.

Auch sonstige berechtigte Interessen können eine Kündigung rechtfertigen. Ein berechtigtes Interesse kann beispielsweise darin liegen, dass ein Mietshaus abgerissen werden soll. Bis auf einen Mieter haben alle Mietparteien ihre Mietverhältnisse beendet. Der Vermieter darf nun auch dem letzten, verbliebenen Mieter kündigen, die sogenannte Abrisskündigung aussprechen. Dies hat der Bundesgerichtshof so entschieden mit der Begründung, der Wohnungsleerstand könne nicht dem Vermieter angelastet werden. Ferner entstünden dem Vermieter erhebliche, nicht zu deckende Kosten, würde das Mietverhältnis mit dem letzten Mieter aufrechterhalten. *(BGH WM 2004, 277)* **Abrisskündigung**

Ein Vermieter darf auch fristlos kündigen, dies aber nur aus wichtigem Grund. Zahlen Sie etwa die vereinbarte Miete nicht und macht Ihr Zahlungsrückstand einen erheblichen Betrag aus, rechtfertigt das die fristlose Kündigung durch Ihren Vermieter. **Wichtiger Grund**

Kündigen – fristgerecht und niemals mündlich

Immer schriftlich

Grundsätzlich muss schriftlich gekündigt werden. Mündliche Kündigungen sind nicht wirksam. Das Kündigungsschreiben muss vom Vermieter eigenhändig unterschrieben sein. Kündigungen per Telegramm oder Fax sind ebenfalls nicht wirksam. *(LG Berlin, MM, 92, 67)*

Nur wer den Mietvertrag unterschrieben hat, darf ihn auch kündigen. Mieter wie Vermieter können aber einer dritten Person eine Vollmacht für die Kündigung des Mietvertrages ausstellen. Die Kündigung ist aber nur dann gültig, wenn ihr die Vollmachtsurkunde im Original beigefügt ist. Ohne eine Vollmachtsurkunde darf der Empfänger die ausgesprochene Kündigung „unverzüglich" zurückweisen. Das heißt für Sie als Mieter, Sie dürfen die Zurückweisung nicht schuldhaft hinauszögern. Sie dürfen sich rechtlich etwa vom Mieterbund beraten lassen. Berufstätigen werden dafür von Richtern zehn bis 14 Tage Zeit eingeräumt. Bei einer Zurückweisung ist die Kündigung dann nicht wirksam. *(OLG Hamm, RE WM 82, 204; LG Hamburg WM 98, 725; LG Hamburg WM 98, 725; LG München II WM, 95 478; LG Hagen WM 91, 79)*

Rechtzeitig zurückweisen

Der Mieterbund weist allerdings darauf hin, dass die Kündigung mit Vollmacht dann nicht vom Mieter zurückgewiesen werden kann, wenn dieser bereits über die Bevollmächtigung unterrichtet war, also etwa wenn der Mietvertrag von der gleichen bevollmächtigten Person (beispielsweise dem Hausmeister) gekündigt wird, die den Mietvertrag auch beim Abschluss unterschrieben hat. In diesem Fall genügt bei der Kündigung eine Kopie der ausgestellten Vollmacht. *(OLG Frankfurt NJW-RR 96, 10)*

Das seit 2001 geltende neue Mietrecht legt mieterfreundlich fest: Grundlos kündigen darf ein Vermieter niemals, Sie als Mieter aber schon. Sie müssen lediglich auf die Kündigungsfristen achten.

Bei einem Mietvertrag, egal ob befristet oder unbefristet, müssen zwar beide Vertragsparteien, Mieter und Vermieter, Kündigungsfristen einhalten, bei einem unbefristeten Mietvertrag gelten für die Parteien allerdings unterschiedliche Kündigungsfristen. Die Mietreform von 2001 hat hier lediglich die Kündigungsfristen für Mieter auf drei Monate vereinheitlicht. Mit einer gesetzlichen „Nachbesserung" im Jahre 2005 wurden viele Mieter mit Alt-Verträgen dann gleichgestellt: Die Drei-Monats-Frist gilt in der Regel für alle bestehenden unbefristeten Mietverträge. Die früher gesetzlich geltende Zwölf-Monats-Frist ist durch die Neuregelung ersetzt worden.

Verschiedene Kündigungsfristen

Aber Achtung, hier gibt es Ausnahmen:

Ausnahmen

- Die Drei-Monats-Frist gilt nicht, wenn in dem Mietvertrag bewusst längere Kündigungsfristen festgelegt worden sind.
- Die Drei-Monats-Frist gilt nicht, wenn der Mietvertrag zwar unbefristet ist, frühestens jedoch zu einem festgelegten Zeitpunkt gekündigt werden darf.
- Die Drei-Monats-Frist gilt nicht, wenn Mietverträge zwar zunächst befristet sind, sich aber bei Nicht-Kündigung automatisch um einen bestimmten Zeitraum verlängern. Nur vor der Verlängerung der

Laufzeit kann ein Mieter diese Verträge mit einer Frist von drei Monaten kündigen.

Nachmieter – nicht ganz so einfach

Aber wie sieht das mit den Kündigungsfristen aus, wenn Sie als Mieter vorzeitig aus dem Vertrag aussteigen wollen? Ganz einfach, denken Sie und präsentieren Ihrem Vermieter halt rasch einen Nachmieter. Irrtum – so einfach geht das nicht. Grundsätzlich müssen Sie als Mieter den einmal geschlossenen Vertrag erfüllen. Das gilt selbstverständlich auch für die Laufzeit des Mietvertrages. Sie können das Mietverhältnis in der Regel nicht vorzeitig beenden, ausziehen und die noch bis zum ordentlichen Vertragsende ausstehende Miete nicht mehr zahlen. Ihr Vermieter kann auf Vertragserfüllung pochen.

Nachmieterklausel

Vorzeitig aus dem bestehenden Mietvertrag aussteigen mit dem Recht, einen Nachmieter zu benennen, können Sie als Mieter nur, wenn Sie in Ihrem Mietvertrag eine sogenannte Nachmieterklausel vereinbart haben. Es stimmt übrigens nicht, dass ein Mieter seinem Vermieter lediglich drei Nachmieter anbieten muss, um aus dem Mietvertrag rauszukommen. Haben Sie eine Nachmieterklausel vereinbart, dann brauchen Sie Ihrem Vermieter nur einen, allerdings zumutbaren Nachmieter zu stellen. Der Nachmieter muss außerdem uneingeschränkt für die restliche Laufzeit des Vertrages in das bestehende Mietverhältnis eintreten. *(LG Saarbrücken WM 95, 313; LG Köln WM 95, 105)*

Bieten Sie mehrere Nachmieter an, hat Ihr Vermieter das Recht, einen Nachmieter auszuwählen.

Ablehnen darf ein Vermieter einen geeigneten Nachmieter nur aus nachvollziehbaren Gründen. Nicht nachvollziehbar und deshalb unzulässig ist es, einen Nachmieter abzulehnen, etwa nur

- weil er Ausländer ist *(LG Saarbrücken WM 95, 313)* oder
- weil er mit seinem Kind in die Wohnung einziehen will *(BGH WM 2003, 204).*

Ohne eine Nachmieterklausel haben Sie als Mieter schlechte Karten. Ein Mieter hat nur in Härtefällen das Recht, einen Nachmieter zu stellen, und zwar wenn er

Nur im Härtefall

- seinen Job verliert und in einer anderen Stadt einen Arbeitsplatz gefunden hat;
- ins Altersheim oder dauerhaft in ein Pflegeheim muss oder krank ist;
- wenn er heiraten will oder Nachwuchs bekommt und die Wohnung zu klein ist. *(OLG Hamm RE WM 95, 577; OLG Karlsruhe RE WM 81, 173; LG Hannover WM 88, 12)*

Für Vermieter gibt es keine einheitliche Kündigungsfrist von drei Monaten.

Der Vermieter muss Kündigungsfristen beachten, die sich nach der Dauer des Mietverhältnisses richten. Demnach gelten für Vermieter folgende Kündigungsfristen:

Kündigungsfristen

- drei Monate bei einer Wohndauer bis zu fünf Jahren,
- sechs Monate bei einer Wohndauer bis zu acht Jahren,
- neun Monate ab einer Wohndauer von neun Jahren,
- zwölf Monate, wenn in Alt-Verträgen vor dem

1. September 2001 die damals geltenden gesetzlichen Kündigungsfristen vereinbart worden sind und die Wohndauer mehr als zehn Jahre beträgt.

Sonderkündigung – fast ohne Frist für Mieter

Unter bestimmten Voraussetzungen sind Mieter nicht an die gesetzlichen Kündigungsfristen gebunden. In folgenden Fällen haben Mieter Sonderkündigungsrechte:

Sonderkündigungsrechte

- Fordert der Vermieter eine Mieterhöhung auf die ortsübliche Miete, hat der Mieter das Recht, den Vertrag zu kündigen. Hat der Mieter schriftlich die Forderung nach Mieterhöhung erhalten, kann er zum Ablauf des übernächsten Monats kündigen. Die Kündigungsfrist beträgt dann zwei Monate. Geht Ihnen also die Forderung nach höherer Miete im April zu, dann können Sie bei Ihrem Vermieter bis zum 30. Juni kündigen. Ihr Mietverhältnis endet dann am 31. August. Wenn Sie vom Sonderkündigungsrecht Gebrauch machen, müssen Sie für den Rest der Mietdauer die verlangte Mieterhöhung nicht zahlen.

Modernisierung

- Teilt der Vermieter mit, er beabsichtige, Modernisierungsmaßnahmen durchzuführen, kann der Mieter ab dem Zeitpunkt der Mitteilung bis zum Ende des darauffolgenden Monats kündigen. Die Kündigungsfrist beträgt dann einen Monat. Erhalten Sie also im April von Ihrem Vermieter die Mitteilung über bevorstehende Modernisierungsmaßnahmen, können Sie bis zum 31. Mai kündigen. Wirksam ist diese Kündigung dann zum 31. August.

- Wird für eine Sozialwohnung die Miete erhöht, kann der Mieter am dritten Werktag jenes Monats kündigen, ab dem der höhere Mietzins zu zahlen ist. Soll bei Ihnen also die Miete zum 1. April erhöht werden, können Sie bis zum 3. April kündigen. Das Mietverhältnis endet dann zum 31. Mai.

  Sozialwohnung

- Beamte, Lehrer, Soldaten und Geistliche haben seit der Mietrechtsreform von 2001 in der Regel keine Sonderkündigungsrechte mehr. Nur bei alten, vor der Reform abgeschlossenen Zeitmietverträgen bestehen solche Rechte noch, wenn der Dienstherr eine Versetzung vornimmt. Die Kündigungsfrist beträgt dann drei Monate.

- Eine Drei-Monats-Frist im Rahmen einer Sonderkündigung kann ein Mieter dann beanspruchen, wenn er seinem Vermieter eine konkrete Person für die Untervermietung nennt und der Vermieter die Untervermietung ablehnt. Der Vermieter darf eine Untervermietung nur ablehnen, wenn dafür in der Person des Untermieters selbst ein wichtiger Grund liegt. *(KG Berlin WM 96, 696, LG Landshut WM 96, 408; LG Bremen WM 87,152; LG Hamburg WM 87, 20)*

- Verstirbt ein Mieter und haben mehrere Mieter den Mietvertrag gemeinsam unterschrieben, können diese das Mietverhältnis fortsetzen. Sie können aber auch binnen eines Monats nach Kenntnis des Todes des Mieters kündigen. Die Kündigungsfrist beträgt dann drei Monate. Diese Rechte gelten auch für befristete Mietverträge und für Mietverträge, bei denen ein Kündigungsausschluss vereinbart worden ist. Diese Rechte haben aber auch Ehegatten und

  Tod eines Mieters

eingetragene Lebenspartner, die in der Mietwohnung mit dem verstorbenen Mieter in einem gemeinsamen Haushalt gelebt haben. Kinder des verstorbenen Mieters, die mit ihm in einem gemeinsamen Haushalt gelebt haben, können das Mietverhältnis ebenfalls fortsetzen, wenn dies kein Ehegatte oder Lebenspartner tut. Alle Personen haben diese Rechte, wenn sie mit dem verstorbenen Mieter dauerhaft einen gemeinsamen Haushalt geführt haben.

Tod eines alleinstehenden Mieters

- Verstirbt ein alleinstehender Mieter, so hat der Erbe das Recht, den bestehenden Mietvertrag binnen eines Monats zu kündigen, und zwar ab dem Zeitpunkt, an dem der Erbe sowohl Kenntnis vom Tod des Mieters erhalten hat wie auch von dem Umstand, dass keine andere Person das Mietverhältnis fortsetzen will. Die Kündigungsfrist beträgt dann drei Monate.

Sonderkündigungsrechte des Vermieters

Beim Tod eines Mieters kann auch der Vermieter Sonderkündigungsrechte beanspruchen. Die Ausgestaltung dieser Rechte hängt jedoch davon ab, wer das bestehende Mietverhältnis fortsetzen möchte. Es gilt:

- Der Vermieter kann Mitmietern des verstorbenen Mieters nur dann kündigen, wenn er sein berechtigtes Interesse, das Mietverhältnis zu beenden, nachweisen kann (also etwa Eigenbedarf geltend macht).
- Der Vermieter kann dem Ehegatten, dem Lebenspartner, anderen Familienangehörigen oder Personen, die in der Mietwohnung in einem gemeinsamen Haushalt mit dem verstorbenen Mieter gelebt haben, kündigen, falls diese Personen den Mietvertrag fortsetzen. Kündigen allerdings darf der Vermieter nur dann binnen eines Monats, nachdem er

vom endgültigen Eintritt in den Mietvertrag Kenntnis erhalten hat. Ferner darf der Vermieter nur dann kündigen, wenn in der Person, die in den Mietvertrag eintritt, ein wichtiger Grund vorliegt und der Vermieter darüber hinaus auch noch zusätzlich einen gesetzlich anerkannten Kündigungsgrund vorweisen kann (also etwa Eigenbedarf). Die Kündigungsfrist beträgt drei Monate.

- Der Vermieter kann seit der Mietrechtsreform 2001 Erben leichter kündigen, die zwar das Mietverhältnis fortsetzen, aber nicht gemeinsam mit dem Verstorbenen in einem Haushalt gelebt haben. Der Vermieter braucht keinen Grund für die Kündigung. Er muss die Kündigung lediglich binnen eines Monats aussprechen, nachdem er vom Tod des Mieters und von der Fortsetzung des Mietverhältnisses durch dessen Erben Kenntnis erlangt hat. Die Kündigungsfrist beträgt drei Monate.

Erben

Sozialklausel – schützt immer

Wenn sich Mieter gegen eine Kündigung ihres Vermieters wehren, können sie sich häufig auf den grundlegenden Schutz des Bürgerlichen Gesetzbuchs verlassen. Etwa auf § 574 BGB. Dieser definiert die sogenannte Sozialklausel für Mieter. Diese Klausel kann selbst eine berechtigte Kündigung durch den Vermieter abwehren und unwirksam werden lassen. Und zwar dann, wenn die Beendigung des Mietverhältnisses für den Mieter, seine Familie oder einen anderen Angehörigen seines Haushalts eine Härte bedeuten würde.

Der Mieter muss unter Berufung auf die Sozialklausel Widerspruch gegen die Vermieterkündigung ein-

Widerspruch gegen Kündigung

legen. Der Widerspruch muss dem Vermieter spätestens zwei Monate vor Ablauf der Kündigungsfrist zugehen. Erfolgt der Widerspruch später, darf der Vermieter die Fortsetzung des Mietverhältnisses ablehnen.

Der Mieterbund empfiehlt Mietern, den Zeitrahmen für den Widerspruch auszuschöpfen, um so dem Vermieter erst sehr spät die Möglichkeit zu geben, weitere rechtliche Schritte einzuleiten und etwa auf Räumung zu klagen.

Härtegründe Die Sozialklausel wird in den meisten Fällen eine Vermieterkündigung erfolgreich abwehren, wenn der Mieter zumindest einen Härtegrund anführen kann. Härtegründe sind unter anderem:

- Kein angemessener Ersatzwohnraum zu zumutbaren Bedingungen: Ein höherer Mietpreis stellt hierbei nicht unbedingt eine Härte dar. Nur wenn die höhere Miete nicht im Verhältnis zum Familieneinkommen steht, liegt eine Härte vor. Zwar werden hier immer Einzelfallentscheidungen getroffen, doch zieht man die Bestimmungen des sozialen Wohnungsbaus als Maßstab heran, dann gilt „angemessen" nicht nur für die Höhe der Miete, sondern auch für die Wohnungsgröße. So muss für jede Person ein Wohn- oder Schlafraum bereitstehen. Ferner sind berufliche Erfordernisse (beispielsweise ein Arbeitszimmer) ebenso zu berücksichtigen wie der Gesundheitszustand des Mieters und seiner mitwohnenden Familienangehörigen.
- Hohes Alter der Mieter: Das Mietverhältnis kann dann sogar auf unbestimmte Zeit fortgesetzt werden, wenn der alte Mieter körperlich und seelisch

geschwächt ist. (*LG Köln WM 92, 247; LG Stuttgart WM 93, 46*)
- Invalidität, Gebrechlichkeit des Mieters *(OLG Karlsruhe NJW 70, 1746)*
- Schwangerschaft *(LG Dortmund WM 66, 40)*
- Schwere Erkrankung des Mieters *(LG Braunschweig WM 90, 152)*
- Lange Mietdauer (*LG Koblenz WM 90, 20; LG Hamburg WM 87, 222)*
- Bevorstehende Examen des Mieters *(LG Aachen WM 86, 252)*

KAPITEL 12

Achtung Makler – Wie die richtige Wohnung finden?

Es gelingt Ihnen natürlich auch ohne! Das Gewerbe genießt schließlich ja nicht gerade den allerbesten Ruf. Preiswerter ist ohne allemal, es kostet aber vielleicht ein bisschen mehr Zeit. Kolonnenweise Zeitungsinserate studieren oder jeden freien Klick im Internet nutzen, um die beste Wohnung zu finden, kann sich lohnen.

Wer dazu nicht die Zeit und die Nerven hat, wer es (zumindest auf den ersten Blick) bequemer und einfacher haben möchte, nimmt einen Makler in Anspruch und lässt diesen (hoffentlich) professionell nach der neuen Bleibe suchen.

Doch Makler sind halt nicht nur teuer. Sie müssen einiges beachten, wenn Sie einen Makler einschalten. Dass Ihr Vermittlungs-Profi Mitglied im Berufsverband der Makler, dem Immobilienverband Deutschland (IVD), ist, bietet keineswegs Gewähr für Seriosität. Und naives Vertrauen darauf, dass der Gesetzgeber seine schützende Hand über die Wohnungssuchenden hält, reicht auch nicht, um faires Makeln zu garantieren.

Wohnungsvermittlungsgesetz

Immerhin regelt das Wohnungsvermittlungsgesetz, wann ein Makler für seine Tätigkeit Geld verlangen darf und wann nicht. Ein Makler hat gesetzlich dann Anspruch auf ein Entgelt, wenn durch seine Vermittlung tatsächlich ein Mietvertrag geschlossen wird.

Also kassieren darf der Makler in der Regel nicht für Wohnungsbesichtigungen, für seine Fahrtkosten oder für seine sonstigen Aufwendungen. Geld dafür darf er allerdings dann verlangen, wenn er dies zuvor mit seinem Kunden ausdrücklich vereinbart hat.

Der Makler hat auch dann keinen Anspruch auf Entgelt, wenn

- er zugleich Eigentümer, Verwalter, Mieter oder Vermieter ist;
- rechtlich oder wirtschaftlich beteiligt ist.

Die Höhe des Entgeltes, die Provision, ist auf maximal zwei Monatsmieten (Kaltmieten) begrenzt. Die aktuell geltende Mehrwertsteuer kommt selbstverständlich noch dazu. Bei einem Mietvertrag mit Staffelmiete bemisst sich die Provision auf der Grundlage der Miete des ersten Jahres des Vertrages.

Provision

Der Mieterbund rät zur Vorsicht, wenn spezielle Wohnungsvermittlungs-Agenturen ihre Dienste anbieten und allein dafür schon kassieren wollen. Insbesondere bei Internet-Anbietern kann Schindluder getrieben werden. Es kommt schon vor, dass es die offerierten Mietwohnungen nur auf der Internet-Seite gibt, nicht aber in Wirklichkeit.

Maklervertrag – Wer muss zahlen?

Für ihn gibt es keine Formvorschrift, mündlich kommt der Vertrag ebenso zustande wie schriftlich. Ohne Vertrag gibt es in der Regel keine Provision. Doch nicht jeder Maklervertrag muss den Mieter zur Kasse bitten. In dem möglichst schriftlichen Vertrag muss der Makler dem künftigen Mieter klar und deutlich machen, dass seine Vermittlerdienste etwas kosten.

Maklervertrag

Vertrackt kann es in Sachen Maklervertrag schon zugehen: Hat nämlich der Makler auf die fällige Provision hingewiesen und nimmt der Wohnungssuchende die Maklerdienste auch in Anspruch, wird quasi ein Maklervertrag geschlossen, ohne dass der Interessent ausdrücklich einem Vertrag zugestimmt hat. *(OLG Koblenz WM 89, 80)*

Provisionspflicht

Die sogenannte Provisionspflicht schlägt auch zu, wenn Sie auf ein Inserat des Maklers antworten und Interesse an einer Wohnung zeigen. Teilt der Makler mit, dass seine Tätigkeit mit der Zahlung eines Entgeltes verbunden ist oder wird in dem Inserat auf die vom Interessenten zu zahlende Provision hingewiesen, muss der Wohnungssuchende im Erfolgsfall zahlen.

Fehlt die Aussage zur Provisionspflicht, dann darf der potentielle Mieter davon ausgehen, dass ein anderer zahlt, nämlich der Auftraggeber des Maklers.

Im Maklervertrag kann ausdrücklich die Zahlung der Provision festgehalten sein, ohne dass der Makler darauf verweist. Dies kann auch in den Unterlagen, die Ihnen zur Unterschrift zugehen, festgehalten sein. Wenn Sie als Interessent diese Unterlage dann unterschreiben, müssen Sie auch die Provision zahlen. Auch dann, wenn der Makler dem Interessenten noch nicht alle Daten der Mietwohnung übermittelt hat. *(BGH III ZR 393/04*

Bestehen jedoch Zweifel hinsichtlich der zu zahlenden Makler-Provision, muss der Makler nachweisen, dass seine Ansprüche berechtigt sind. *(LG Hamburg WM 89, 518)*

Die Provision ist auch dann fällig, wenn der Vermieter und der Mieter den geschlossenen Mietvertrag einvernehmlich noch vor Einzug des Mieters in die Mietwohnung auflösen. *(AG Trier WM 99, 48; AG Köln WM 85, 297)*

Provisionsanspruch

Entscheidend für den Provisionsanspruch ist immer: Die Tätigkeit des Maklers muss Ursache des Mietvertrages sein. Es genügt allerdings auch, wenn der Mietvertrag durch seine Vermittlung oder seinen Nachweis zustande kommt. Nachweis heißt, der Makler macht den Interessenten darauf aufmerksam, dass ein Mietvertrag abgeschlossen werden kann. Und darüber lässt sich freilich trefflich streiten.

Ursächlichkeit

Sie können gegen diese Ursächlichkeit Folgendes einwenden:

- Sie hatten von der zu vermittelnden Wohnung schon vorher Kenntnis, etwa durch einen anderen Makler oder durch den Eigentümer. Dies müssen Sie dann umgehend jenem Makler mitteilen, der jetzt Provision haben will. Sie müssen nachweisen, dass dieser Makler nicht „Ursache" für den Abschluss des Mietvertrages ist.

- Sie haben zwar von dem Makler die Wohnung gezeigt bekommen, das Angebot aber abgelehnt. Die Wohnung war zu teuer. Einige Zeit später wird diese Wohnung wieder inseriert. Billiger und vom Vermieter. Bleibt der Makler dann weiterhin „Ursache" für den Mietvertrag? Es kommt darauf an – verbindliche Kriterien sind jedenfalls schwierig. Ein bis zu

15 Prozent verbilligtes Angebot lässt die „Ursache"
weiter gelten. Ist ein Jahr verstrichen, dann besteht
nach höchster Rechtsprechung die „Ursache" nicht
mehr, der Makler hat demnach keinen Provisions-
Anspruch mehr. *(BGH III ZR 379/04)*

Dass er die „Ursache" des Mietvertrages war, muss
der Makler nachweisen, wenn sein Auftraggeber mehrere Angebote über die gleiche Immobilie von anderen Maklern erhalten hat. Will er erreichen, dass auch
seine Tätigkeit als mitursächlich für den Vertragsabschluss angesehen wird, muss er eine „wesentliche
Maklerleistung" nachweisen. *(BGH WM 79, 126;
BGH WM 83, 238)*

Keine Makler- Die Makler-Provision nicht zahlen brauchen Mieter,
gebühren wenn

- die zu vermittelnde/nachgewiesene Mietwohnung eine Sozialwohnung ist;
- der Mietvertrag das Mietverhältnis fortsetzt, verlängert oder erneuert;
- der Makler selbst Eigentümer, Vermieter oder Mieter der Mietwohnung ist;
- der Makler oder sein Gehilfe Verwalter der Mietwohnung sind. Unter „Verwalter" versteht die Rechtsprechung jede Person, die mit ihrer Tätigkeit zu erkennen gibt, die Interessen des Vermieters wahrzunehmen. Für diese Tätigkeit muss weder eine Vergütung gezahlt werden, noch ist eine förmliche Beauftragung durch den Vermieter nötig. *(BGH WM 2003, 704; LG Frankfurt WM 81, 23)*

Haben Sie als Mieter eine nicht gerechtfertigte Maklergebühr oder fälschlich andere Kosten des Maklers

gezahlt, dann können Sie diese unter bestimmten Voraussetzungen zurückfordern. Die Möglichkeit zur Rückforderung besteht, wenn

- die Provision dem Makler nicht zusteht,
- Auslagen des Maklers berechnet worden sind,
- ein Vorschuss gezahlt worden ist,
- eine überhöhte Vertragsstrafe gezahlt worden ist.

Der Anspruch auf Rückforderung verjährt in drei Jahren. Die Verjährungsfrist beginnt am Ende des Jahres, in dem der Mieter von den Umständen Kenntnis erhalten hat, die seinen Anspruch auf Rückforderung begründen.

Rückforderung verjährt

Als Beispiel nennt der Mieterbund:

> **BEISPIEL**
>
> Der Mieter zahlt im Jahr 2004 die Maklerprovision. Zwei Jahre später erfährt er, dass der Makler auch Verwalter der Mietwohnung ist. Die Verjährungsfrist beginnt in diesem Fall mit Ablauf des 31. Dezember 2006 und läuft am 1. Januar 2010 aus.

Die richtige Wohnung – klappt schon mit richtigem Check

Mit Ihrem Makler ist alles in Ordnung, Sie haben ihn auf Herz und Nieren geprüft. Auch den Mietvertrag, den er anbietet, haben Sie sorgfältig gecheckt. Sie haben sich sogar umfassend vom Mieterbund beraten lassen. Sie sind also, was das Juristische angeht, auf der sicheren Seite.

Spätestens jetzt müssen Sie sich aber rüsten für die Wohnungsbesichtigung. Wie sollte das Objekt der Begierde beschaffen sein? Ausstattung, Lage, Infrastruktur der Wohngegend – worauf sollten Sie unbedingt achten?

Damit nichts schiefgehen kann, sollten Sie sich an der Checkliste des Mietervereins zu Hamburg orientieren:

CHECKLISTE

- Haben Sie einen Besichtigungstermin vereinbart, sollten Sie vorher die Umgebung der Mietwohnung sondieren. Gibt es Dinge, die Sie stören, etwa Gaststätten, Gewerbebetriebe oder andere Lärmquellen?
- Öffnen Sie die Fenster der Wohnung. Sehen, hören, riechen Sie etwas Störendes?
- Wie wird die Wohnung beheizt? Können alle Räume ausreichend beheizt werden?
- Besichtigen Sie auch die zur Wohnung gehörenden Räumlichkeiten (Keller, Abstellräume etc.).
- Ist die Raumhöhe für Ihr Mobiliar ausreichend?
- Können auch große und sperrige Stücke, zerlegte Möbel in die Wohnung transportiert werden?
- Gibt es einen Fahrstuhl, eventuell auch für den Transport Ihres Umzugsgutes?
- Ist die Wohnung für Fernsehempfang ausgerüstet? Gibt es Kabel- oder Satellitenanschluss?
- Wie sieht es mit Anschlüssen für den Computer aus? Wie schnell und leistungsfähig ist das Leitungsnetz?
- Gibt es Stellmöglichkeiten für Waschmaschine und Trockner?
- Prüfen und klären Sie den Zustand der Wohnung. Legen Sie auch für den späteren Mietvertrag fest, wie Ihnen die Wohnung übergeben werden soll:
  – Frisch renoviert?
  – Mit welchen Fußböden und Belägen?

- Mit Einbauküche? Was gehört dazu?
  - Mit weiteren Einbauteilen? Welchen?
  - Welche Schäden beseitigt der Vermieter?
- Sind Einbauten des Vormieters zu übernehmen?
- Gehört zur Wohnung ein Autoabstellplatz, eine Garage? Befinden diese sich in der Nähe der Wohnung oder auf einem anderen Grundstück?
- In der Umgebung der Wohnung sollten Sie suchen nach
  - Schulen,
  - Ärzten,
  - Apotheken,
  - Bank,
  - Post,
  - Einkaufsmöglichkeiten,
  - öffentlichen Verkehrsmitteln,
  - Grünflächen.
- Was können Sie in der Umgebung der Wohnung bequem zu Fuß erreichen? Wie sieht es mit Parkmöglichkeiten aus?
- Lassen Sie sich einen Grundriss der Wohnung geben und überlegen Sie eingehend, wie Sie Ihr Mobiliar stellen können.

KAPITEL 13

Steuerspar-Modell für Mieter – Wie Sie dem Fiskus ein Schnäppchen schlagen

Heimlich, gar inkognito müssen Sie es nicht tun. Auch eine traumhaft ferne Südsee-Exotik zum Frühbucher-Rabatt brauchen Sie sich nicht verschämt für so etwas auszusuchen. Weder sind dafür ein Trip auf die Cayman Inseln notwendig noch Visiten ins beschaulich-verschwiegene Liechtenstein, glamourös-mondäne Monaco oder versteckt-abgeschiedene Andorra.

Wenn Sie als Mieter dem Finanzamt eins auswischen wollen und an den Fiskus nichts zu verschenken haben, können Sie getrost auf Steuerflucht und Steueroasen verzichten. Steuern sparen können Sie als Mieter ganz legal. Wie das Steuerspar-Modell funktioniert, zeigt der Neue Verband der Lohnsteuerhilfevereine (NVL) mit seinen Steuer-Tipps.

Handwerkerleistungen und haushaltsnahe Dienstleistungen anrechnen

Wer zur Miete wohnt, ist meist vertraglich verpflichtet, kleine Reparaturen selbst zu übernehmen. Schlau ist, wer hier nicht am falschen Platz spart und diese Arbeiten einem Handwerker überlässt. Vom Fiskus begünstigte Arbeiten sind zum Beispiel:

- alle Arbeiten an Innen- und Außenwänden wie das Tapezieren von Wänden,
- Streichen und Lackieren von Türen, Fenstern, Wandschränken, Heizkörpern und -rohren sowie Fußböden,
- Ausbesserungsarbeiten (Austausch von Fliesen, Beseitigung von Löchern, Rissen in den Wänden).

Dabei ist es unerheblich, ob diese Arbeiten nur von einem Fachmann hätten ausgeführt oder auch von Ihnen selbst hätten erledigt werden können. Deshalb können auch folgende Handwerkerarbeiten steuerlich berücksichtigt werden:

- Modernisierung des Badezimmers,
- Reparatur oder Austausch des Bodenbelages, egal ob Parkett, Fliesen oder Auslegware,
- Pflasterarbeiten und Gartengestaltung,
- Austausch oder Modernisierung der Einbauküche,
- Änderungen an der Elektroanlage, etwa Installation von Lampen oder weiteren Steckdosen.

Handwerkerleistungen können ab 2009 rückwirkend bis zu einem Aufwand von 6.000 Euro geltend gemacht werden (bisher waren nur 3.000 Euro abzugsfähig). Auf die Handwerkerleistung erhält man eine Minderung der Einkommensteuer von 20 Prozent, also maximal 1.200 Euro. Bei einem Rechnungsbetrag von 1.000 Euro erstattet das Finanzamt somit einschließlich Solidaritätszuschlag 211 Euro.

Handwerkerleistungen

So beteiligt sich das Finanzamt am Verschönern Ihrer Mietwohnung. Die Arbeiten sollten jedoch vorab mit dem Vermieter abgesprochen werden. Vielleicht lässt sich der Steuerbonus dabei noch optimieren. Weil das

Materialkosten – Werbekosten

Finanzamt ja nur die Handwerkerleistung selbst anerkennt, ist es vorteilhaft, wenn der Vermieter die Materialkosten übernimmt. Er kann diese als Werbungskosten bei der Vermietung absetzen, und der Mieter übernimmt nur die Handwerkerleistung.

Dabei sind natürlich getrennte Rechnungen erforderlich. Der Mieter muss außerdem beachten, dass er den Rechnungsbetrag überweist. Barzahlungen werden vom Finanzamt nicht anerkannt.

> **ACHTUNG!**
>
> Beachten Sie: Ab der Steuererklärung 2008 müssen die Belege nicht mehr mit der Steuererklärung eingereicht werden. Das Finanzamt kann diese jedoch nachfordern.

Abzugsfähig sind auch die Kosten für die Reparatur von Haushaltsgeräten wie

- Fernseher,
- Waschmaschine,
- Geschirrspüler,
- Herd oder aber auch
- PC.

Hierbei ist wichtig, dass der Handwerker tatsächlich ins Haus kommt.

Putzhilfen, Gärtner, ...

Neben diesen Handwerkerleistungen sind weitere Dienstleistungen absetzbar, die in einem Haushalt üblicherweise anfallen. Das betrifft zum Beispiel alle Reinigungsarbeiten, die z. B von einer Putzhilfe, einem Fensterputzer oder einem Gärtner ausgeführt werden.

Diese Dienstleistungen werden ab 2009 ebenfalls mit einer Einkommensteuer-Ersparnis bis zu 4.000 Euro belohnt (bis 2007 waren es nur 600 Euro). Mit Handwerkerrechnungen zusammen ist hier eine Steuerersparnis von 5.200 Euro, mit Solidaritätszuschlag von insgesamt 5.486 Euro möglich.

> **TIPP**
>
> Beachten Sie: Stehen kostenintensive Reparaturen oder Dienstleistungen an, sollten Sie über Ratenzahlungen nachdenken, um keinen Euro zu verschenken. Wird beispielsweise eine Rechnung von 8.000 Euro zum Teil in das Folgejahr verlagert, kann der Höchstbetrag (6.000 Euro) optimal genutzt werden.

Am besten regeln Sie das vorher mit der ausführenden Firma. Entscheidend ist, in welchem Kalenderjahr die Überweisung erfolgt.

Wichtig ist in allen Fällen, dass eine Rechnung geschrieben und der Betrag von Ihnen überwiesen, also über Ihr Konto beglichen wird. Auch das sollten Sie vorher mit dem Dienstleistungsunternehmen absprechen.

Immer mit Rechnung!

Betriebskosten absetzen

Für viele Mieter ist eine Steuerersparnis möglich, wenn Handwerker oder andere Dienstleister beauftragt werden.

Auch in den Betriebskosten verbergen sich Aufwendungen, die das Finanzamt fördert. Dazu zählen zum Beispiel:

- der Anteil für die Lohnkosten des Hausmeisters,

- Aufwendungen für Wartungsarbeiten an der Heizung oder Antennenanlage,
- Schornsteinfegergebühren,
- Kosten für die Hausreinigung, Schädlingsbekämpfung, Winterdienst und
- Pflege der Außenanlagen, etwa Rasen mähen.

Mieter sollten deshalb ihre Betriebskostenabrechnung nach geförderten Positionen durchsehen.

Viele Vermieter oder Verwalter schlüsseln die begünstigten Kosten bereits einzeln auf. Mit diesem Beleg und dem Kontoauszug zur Mietzahlung lässt sich der Steuervorteil beantragen.

Die Abrechnung beim Finanzamt erfolgt am günstigsten mit der Endabrechnung. Sie können jedoch bereits mit den Vorauszahlungen der Nebenkosten den Steuerbonus geltend machen, wenn der Anteil der begünstigten Kosten prozentual herausgerechnet wird.

Hausmeisterposten als Minijob nutzen

Ist der Vermieter nicht immer vor Ort oder kann er aus anderen Gründen nicht ständig die Belange der Hausbewohner im Auge behalten, kann es sich lohnen, über einen Zusatzverdienst durch einen Posten als Hausmeister zu verhandeln.

Wer seine Steuerkarte bereits im Hauptjob abgegeben hat, sollte versuchen, diese Tätigkeit als geringfügiges Beschäftigungsverhältnis auszuhandeln. Der Vorteil ist, dass bis zu 400 Euro monatlich steuer- und sozialabgabenfrei hinzuverdient werden können. Der Vermieter muss dazu das Arbeitsverhältnis an die Minijobzentrale melden und pauschal rund 30 Prozent Abgaben leisten.

Untervermietung der eigenen Wohnung – Freigrenze beachten

Wer sich aus beruflichen oder auch privaten Gründen längere Zeit auswärts aufhält, zahlt mitunter monatelang umsonst oder gar doppelt Miete. Hier kann eine Untervermietung helfen, Kosten zu sparen. Ist die eigene Wohnung zu groß oder zu teuer, können auch Teile der Wohnung oder nur ein Zimmer vermietet werden, etwa an Bauarbeiter oder Studenten.

Diese Einnahmen müssen bis zu einer bestimmten Grenze nicht versteuert werden. Die Freigrenze beträgt 520 Euro pro Jahr. Mit Zustimmung des Finanzamtes können Sie sich dann auch das Zusammenstellen der Kosten sparen.

Freigrenze 520 Euro

Liegen die Mieteinnahmen über diesem Betrag, kommen Sie um eine Erklärung der Mieteinkünfte nicht herum. Dann können Sie die Einnahmen aber noch um die anteiligen Werbungskosten mindern.

Entsprechend dem Anteil der vermieteten Wohnfläche wird die Jahresmiete zuzüglich der sonstigen Kosten (z. B. für Strom) angesetzt und pro Vermietungstag berechnet. Hinzu kommen eventuelle Inseratskosten.

Wird die Wohnung oder das Zimmer möbliert vermietet, kann noch eine Abschreibung in Anspruch genommen werden. So beträgt die Nutzungsdauer bei Möbeln 13 Jahre, wenn diese nach 2001 angeschafft wurden. Bei älteren Möbeln sind es zehn Jahre, Tep-

Abschreibungen

piche sind nach acht Jahren abgeschrieben. Beträgt der Kaufpreis der Einrichtungsgegenstände nicht mehr als 410 Euro zuzüglich Mehrwertsteuer, können diese Kosten sofort abgezogen werden. Die verbleibende Differenz ist als Einkünfte aus Vermietung zu versteuern.

Übersteigen die Einnahmen nicht den Betrag von 410 Euro und handelt es sich dabei um die einzigen Zusatzeinkünfte eines Arbeitnehmers, bleiben sie gänzlich steuerfrei. Sind sie geringfügig höher, jedoch nicht höher als 820 Euro, bleibt zumindest ein Teil steuerfrei. Er berechnet sich aus der Differenz zwischen 820 Euro und den Mieteinkünften.

Umzugskosten geltend machen

Steht ein Umzug an, lassen sich ebenfalls Steuern sparen. Wer durch den Umzug den Fahrtweg zur Arbeit verkürzt und dadurch täglich mindestens eine Stunde Zeit spart, kann die Umzugskosten vollständig als Werbungskosten absetzen. Bei der Zeitersparnis werden Hin- und Rückweg zusammengerechnet. Als Werbungskosten können alle Aufwendungen, auch selbst durchgeführte Fahrten, abgesetzt werden.

Werbungskosten

Aber auch wer nicht auf die Zeitersparnis kommt, kann den Fiskus am Umzug beteiligen. Die Kosten für eine Umzugsfirma zählen zu den begünstigten haushaltsnahen Dienstleistungen und bringen ebenfalls 20 Prozent Steuerersparnis. Allerdings ist dann auf Rechnungslegung und Bezahlung per Konto zu achten. Weil Barzahlungen generell nicht anerkannt werden, haben manche Umzugsfirmen bereits Kartenlesegeräte zum Einzug vom Konto.

Kosten der Umzugsfirma sind, zusammen mit anderen Dienstleistungen, bis zu 3.000 Euro begünstigt. Dieser Betrag erhöht sich auf 20.000 Euro.

> **BEISPIEL**
>
> Familie Mustermann zahlt an Miete für eine Vier-Zimmerwohnung (100 Quadratmeter) monatlich 1.000 Euro warm.
>
> In den Nebenkosten sind enthalten:
>
> - Messgebühren Schornsteinfeger, Wartung Heizung und Fahrstuhl: 200 Euro,
> - Hausmeisterkosten, Treppenhausreinigung, Schneeräumung, Rasenpflege: Gesamtkosten 300 Euro.
>
> Familie Mustermann hat auf eigene Kosten investiert:
>
> - Badsanierung: 2.500 Euro,
> - Reparatur Waschmaschine: 130 Euro
>
> Für die Wohnung hatten die Mustermanns folgende Kosten:
>
> - Fensterputzer: 3 x pro Jahr: 3 x 45 Euro = 135 Euro,
> - Putzhilfe auf Rechnung: Monatlich 150 Euro = 1.800 Euro.
>
> Familie Mustermann erhält folgende Steuerersparnis:
>
> - für Handwerkerleistungen: 2.830 Euro Kosten (Schornsteinfeger, Wartung Heizung und Fahrstuhl, Badsanierung, Waschmaschine), davon Steuerersparnis 20 Prozent = 566 Euro (zuzüglich Solidaritätszuschlag);
> - für andere Dienstleistungen: 2.235 Euro (Hausmeister, Reinigungsarbeiten, Rasenpflege, Putzhilfen), davon Steuerersparnis 20 Prozent = 447 Euro (zuzüglich Solidaritätszuschlag).

> **INFO**
>
> Weitere Informationen finden Sie auf der Homepage des Neuen Verbandes der Lohnsteuerhilfevereine e.V. (NVL) unter www.nvl.de.
>
> Wer Beratung und Hilfe bei der Beantragung der Steuerbegünstigung wünscht, kann auch auf der NVL-Homepage oder unter der Telefonnummer 030 40 63 24 49 Adressen von Beratungsstellen der Lohnsteuerhilfevereine erhalten.
>
> In den Beratungsstellen werden nur Mitglieder beraten.

Stichwortverzeichnis

Abgeltungsklausel 148
Abschreibung 189
Abwasser 70
Abwasserstau 71
Allgemeine Geschäftsbedingungen (AGB) 78
Altersgerechter Umbau 115
Angemessene wirtschaftliche Verwertung 165
Anstrich 129, 140
Anzahl der Miet-Personen 35
Asbest 71
Aufwendungen, ersatzfähige 114
Auskunftspflicht 16
Ausschlussfrist 39

Bademöglichkeit 71
Baden 80
Badewanne 71, 126
Badewannenabfluss 71
Bagatell-Reparaturen 105
Bagatellschäden 138
Balkon 71, 130
Balkon-Verglasung 129
Bauarbeiten 71, 120 ff.
Baulärm 72
Bauliche Veränderungen 107
Befristeter Eigenbedarf 161
Befristungsgrund 20
Behindertengerechter Umbau 115
Beseitigungsfrist 67
Betriebskosten 31, 187
Betriebskosten-Abrechnung 38
Betriebskosten-Verordnung 31
Beweislast 60
Bordell 72

Briefkästen 72
Bruttomiete 30

Duldungsklage 113
Duschen 80
Duschmöglichkeit 71

Eigenbedarf 21, 158 ff.
– befristeter 161
– treuwidriger 161
– vorgetäuschter 162
Einbauküche 126
Einbauten 127
Einfacher Mietspiegel 49
Einliegerwohnung 23
Einrüstung 72
Entschädigung 128
Erben des Mieters 173
Ersatzfähige Aufwendungen 114

Fachgerecht 139
Farbwahlklausel 134
Fehlbelegungsabgabe 53
Fenster 72
Fensterlüfter 126
Fernsehempfang 72
Feuchtigkeit 72
Finanzierungskosten 110
Fliesen 126
Freigrenze (steuerlich) 189

Gemeinschaftseigentum 123 f.
Gemeinschaftsordnung 121
Genossenschafts-Mietverträge 149
Geruchsbelästigung 73
Gesundheitsgefährdung 67

Grillen 88 f.
Grundfläche 48, 54

Hamburger Tabelle 68 f.
Handwerkerleistungen (steuerlich) 185
Härte 113
Härtegründe 174 f.
Härteklausel 101
Hauptmieter 96 ff.
Hausbeleuchtung 73
Hausordnung 77, 122
Haustiere 86 f.
Heizkosten 29
Heizkosten-Abrechnung 44
Heizkosten-Verordnung 41
Heizkostenverteiler 43
Heizung 73
Heizungsausfall 73
Heizungs-Modernisierung 107
Heizungsrauschen 74

Indexmietvertrag 22
Instandhaltung 104 ff.
Instandsetzung 104 ff.

Jahressperrfrist 53

Kabelanschluss 131 f.
Kacheln 126
Kaltverdunstung 43
Kappungsgrenze 51 ff.
Kaution 24
Kinder 84 f.
Kinderlärm 84 f.
Kinderwagen 77
Klauseln, unwirksame 25
Klavierspielen 83
Kleinreparaturklausel 138 ff.

Klingelleitung 126
Kündigung 66 ff., 100 f, 156 ff.
Kündigungsfristen 167, 169

Laminatboden 127
Lärm 79 ff., 84
Lärmbelästigung 74
Leitungswasser 74

Makler 176 ff.
Maklerprovision 164, 177, 180
Maklervertrag 177 ff.
Mängel 58 ff.
Mängelanzeige 61 ff.
Markise 130
Mietausfall 110
Mietdatenbank 50
Mietdifferenz 163
Mieterhöhung 46 ff., 111 f., 170
Mieter-Modernisierung 115
Mietkaution, zweite 116
Mietminderung 58 ff.
Mietspiegel 48
Mietspiegel
– einfacher 49
– qualifizierter 48
Mietvertrag 15 ff.
– befristeter 20
– mündlicher 18
– schriftlicher 23
– unbefristeter 19
Mietzinsspanne 50
Mietzuschlag 145
Minderungsquote 69
Minderungswert 69
Mitnahmerecht 117
Mitverschulden 66
Modernisierungs-Arbeiten 106

STICHWORTVERZEICHNIS

Modernisierungsmaßnahmen 170
Modernisierungs-Vereinbarung 118
Modernisierungszuschlag 52
Mündliche Vereinbarungen 16
Musizieren 83

Nachmieterklausel 168 f.
Nebenkosten 29 ff.
Nebenkosten-Pauschale 24
Nettomiete 30
Nikotin-Qualm 144

Opfergrenze 64
Ortsübliche Vergleichsmiete 47

Parabol-Antenne 131 f.
Pauschale 34
Pflanzen 154
Pflichtverletzungen 156
Provision (Makler) 177, 180
Provisionsanspruch 179
Provisionspflicht 178

Qualifizierter Mietspiegel 48

Rauch 90
Raufasertapeten 137
Renovierung 144 ff.
Renovierungsfristen 146
Renovierungsintervalle 146
Renovierungszwang 144
Rückforderung (Provision) 181
Ruhearten 80
Ruhezeiten 80

Sachverständigen-Gutachten 51
Saxophon 83
Schadensersatz 65 f., 141 ff., 163

Schimmel 74
Schlagzeug 83
Schönheitsreparaturen 106, 134 ff., 140, 145, 149
Selbstauskunft 15
Sondereigentum 123
Sonderkündigungsrecht 21, 170 ff.
Sozialklausel 173 ff.
Sozialwohnung 171
Spedition 154
Staffelmietvertrag 21
Steuern 184 ff.

TA-Lärm 81
Tapeten-Klausel 140
Telefonanschluss 164
Teppichboden 126
Tod eines Mieters 171 f.
Toilette 126
Treuwidriger Eigenbedarf 161
Türspion 126

Umbau 115, 120 ff.
Umlagemaßstab 42
Umzug 153 ff.
Umzugskosten 164, 190
Untermiete 94 ff., 171, 189
Untermietvertrag 98 ff.
Unwirksame Klauseln 25

Verbrauchsabhängige Kosten 36
Vergleichsmiete, ortsübliche 47
Verjährungsfrist 39
Verteilerschlüssel 35, 37
Vertragswidriger Gebrauch 157
Vorauszahlung 33
Vorgetäuschter Eigenbedarf 162
Vorvertrag 17

Warmwasserversorgung 75
Waschbecken 126
Werbungskosten 189
Wertverbesserungszuschlag 108
Wintergarten 129
Wohnfläche 36, 47
Wohngemeinschaft 102
Wohnungsgemeinschafts-Vereinbarung 102
Wohnungsmängel 58 ff.
Wohnungsübergabe 151
Wohnungsübergabe-Protokoll 25, 143, 150
Wohnungsvermittlungs-Agenturen 177
Wohnungsvermittlungsgesetz 176
Wohnwert 69

Zahlungsverzug 96
Zeitmietvertrag
– qualifizierter 20
– unqualifizierter 20
Zimmerlautstärke 82
Zweite Mietkaution 116

Weitere Titel

Wolfgang Jüngst/Matthias Nick
Arbeiten und Leben im Ausland
Auswandern oder überwintern: alle wichtigen Informationen. Mit 10 Länderkapiteln von Schweiz bis USA
ISBN 978-3-7093-0214-9
2008, 176 Seiten
EUR 9,90 (D)/EUR 10,20 (A)

Karin Spitra/Ulf Weigelt
Ihr Recht als Arbeitnehmer
Vom Vorstellungsgespräch bis zur Kündigung – was darf der Chef?
ISBN 978-3-7093-0218-7
2008, 192 Seiten
EUR 9,90 (D)/EUR 10,20 (A)

Astrid Congiu-Wehle/Joachim Mohr
Das neue Unterhaltsrecht
Wie viel bekomme ich? Wie viel muss ich zahlen?
ISBN 978-3-7093-0229-3
2008, 168 Seiten
EUR 9,90 (D)/EUR 10,20 (A)

Andreas Heiber
Die neue Pflegeversicherung
Der Antrag – die Pflegestufen – die Leistungen: Ihre neuen Möglichkeiten und Chancen
ISBN 978-3-7093-0237-8
2008, 192 Seiten
EUR 9,90 (D)/EUR 10,20 (A)

Eva Schmitz-Gümbel/Karin Wistuba
Erfolgreich zum Traumjob
Coaching zur Berufswahl für Eltern und Schüler
ISBN 978-3-7093-0213-2
2008, 168 Seiten
EUR 9,90 (D)/EUR 10,20 (A)

Rudolf Stumberger
Hartz IV
Das aktuelle Gesetz mit den neuen Regelungen. Mit verständlichen Erklärungen zum Ausfüllen des Antrags.
ISBN 978-3-7093-0224-8
3. Auflage 2008, 152 Seiten
EUR 9,90 (D)/EUR 10,20 (A)

Andreas Lutz
Businessplan
Für Gründungszuschuss-, Einstiegsgeld- und andere Existenzgründer
ISBN 978-3-7093-0215-6
3. Auflage 2008, 192 Seiten
EUR 14,90 (D)/15,40 (A)

Tibet Neusel/Sigrid Beyer/Kathrin Arrocha
Immobilienkauf
Haus oder Wohnung – Alles über Finanzierung, Recht und Steuern
ISBN 978-3-7093-0195-1
2008, 190 Seiten
EUR 9,90 (D)/EUR 10,20 (A)

Andrea Erdmann/Andreas Kobschätzky
Erfolgreich bewerben
Von der systematischen Vorbereitung zum souveränen Bewerbungsgespräch und fairen Arbeitsvertrag
ISBN 978-3-7093-0187-6
2008, 176 Seiten
EUR 9,90 (D)/EUR 10,20 (A)

Hans-Herbert Holzamer
Optimales Wohnen und Leben im Alter
Alle Wohnformen im Überblick – alle staatlichen Förderungen – Checklisten und Adressen
ISBN 978-3-7093-0196-8
2008, 176 Seiten
EUR 9,90 (D)/EUR 10,20 (A)

Ralph Jürgen Bährle/Susanne Hartmann
Nebenjobs
Minijobs und die 400-Euro-Regel – Ein Wegweiser zum sicheren Zusatzverdienst
ISBN 978-3-7093-0139-5
2007, 160 Seiten
EUR 9,90 (D)/EUR 10,20 (A)

Armin Abele/Bernhard Klinger/ Thomas Maulbetsch/Joachim Müller
Partnerschaft ohne Trauschein
Alle wichtigen Rechtsfragen
ISBN 978-3-7093-0096-1
2007, 184 Seiten
EUR 9,90 (D)/EUR 10,20 (A)

Frank Donovitz/Joachim Reuter/Lorenz Wolf-Doettinchem
Das 1x1 der Altersvorsorge
In sechs Schritten zu mehr Wohlstand in der Rente
ISBN 978-3-7093-0150-0
2007, 152 Seiten
EUR 9,90 (D)/EUR 10,20 (A)

Frank Donovitz/Elke Schulze
Richtig versichern
Welche Versicherung Sie jetzt brauchen und welche Sie sich sparen können.
ISBN 978-3-7093-0175-3
2007, 144 Seiten
EUR 9,90 (D)/EUR 10,20 (A)

Ulrike Fokken
Ihre private Ökobilanz
So sparen Sie Energie und Kosten und schonen die Umwelt.
ISBN 978-3-7093-0181-4
2007, 192 Seiten
EUR 9,90 (D)/EUR 10,20 (A)

Wolfgang Jüngst/Matthias Nick
Wenn der Nachbar nervt
Rechte und Pflichten in der Nachbarschaft
ISBN 978-3-7093-0174-6
2007, 160 Seiten
EUR 9,90 (D)/EUR 10,20 (A)

Tibet Neusel/Kathrin Arrocha/Sigrid Beyer
Kinder, Geld und Steuern
Das neue Elterngeld – Steuern sparen für Familien – Klug vorsorgen. Viele praktische Tipps und Rechenbeispiele.
ISBN 978-3-7093-0164-7
2. Auflage 2007, 192 Seiten
EUR 9,90 (D)/EUR 10,20 (A)

Inken Wanzek/Christine Rosenboom
Arbeitsplatz in Gefahr – Das sind Ihre Rechte
Kündigung – Beschäftigungsgesellschaft – Aufhebungsvertrag – Mobbing – Trennungsgespräche
ISBN 978-3-7093-0152-4
2007, 240 Seiten
EUR 14,90 (D)/EUR 15,40 (A)

Tibet Neusel/Kathrin Arrocha/Sigrid Beyer
Neue Renten- und Pensionsbesteuerung
Das Alterseinkünftegesetz – Absatzmöglichkeiten – Strafverfolgung vermeiden – Erstattungsansprüche sichern
ISBN 978-3-7093-0118-0
2006, 192 Seiten
EUR 9,90 (D)/EUR 10,20 (A)

Eva Schmitz-Gümbel/Birgit Schönberger
Mein Geld, dein Geld
Finanzratgeber für Paare
ISBN 978-3-7093-0095-4
2006, 160 Seiten
EUR 9,90 (D)/EUR 10,20 (A)

Michael Schröder
Scheidung – aber fair
Sorgerecht – Unterhalt – Umgangsrecht. Es geht auch friedlich, wenn die Vernunft siegt.
ISBN 978-3-7093-0102-9
2006, 216 Seiten
EUR 9,90 (D)/EUR 10,20 (A)

Andreas Vogler/Gerald Reischl
Die 1000-Euro-Firma
Mit wenig Geld zum eigenen Internet-Unternehmen. Konkrete Anleitung zur Gründung und Durchführung.
ISBN 978-3-7093-0125-8
2006, 264 Seiten
EUR 14,90 (D)/EUR 15,40 (A)

Sven Klinger/Joachim Mohr/Wolfgang Roth/Johannes Schulte
Patientenverfügung und Vorsorgevollmacht
Was Ärzte und Bevollmächtigte für Sie in einem Notfall tun sollten.
ISBN 978-3-7093-0089-3
2005, 156 Seiten
EUR 9,90 (D)/EUR 10,20 (A)

Tibet Neusel
Streiten mit dem Finanzamt
Wie Sie als juristischer Laie Ihre Rechte durchsetzen.
ISBN 978-3-7093-0032-9
2004, 208 Seiten
EUR 14,90 (D)/EUR 15,40 (A)

Frank Donovitz/Joachim Reuter/Karin Spitra
Das 1x1 des Geldes
So bleibt Ihnen mehr vom Einkommen.
Sparen – Versicherungen – Kredite – Konto – Immobilien
ISBN 978-3-7093-0038-1
2004, 144 Seiten
EUR 9,90 (D)/EUR 10,20 (A)